LE THÉÂTRE AU QUÉBEC
1825-1980
REPÈRES ET PERSPECTIVES
de Renée Legris, Jean-Marc Larrue,
André-G. Bourassa et Gilbert David
est le deux cent quatre-vingt-septième ouvrage
publié chez
VLB ÉDITEUR.

D1227414

LE THÉÂTRE AU QUÉBEC 1825-1980

Ce volume a été préparé pour accompagner une exposition des collections de théâtre de la B.N.Q., intitulée *Le Théâtre au Québec 1825-1980*. Organisée par la Société d'histoire du théâtre du Québec avec la collaboration de la Bibliothèque nationale du Québec et présentée au Salon international du livre de Montréal, du 17 au 21 novembre 1988, et à la Bibliothèque nationale du Québec, du 5 décembre 1988 au 4 mars 1989, cette exposition est en grande partie illustrée dans le présent ouvrage qui veut souligner le dixième Anniversaire de la Société d'histoire du théâtre du Québec.

La production en a été assurée par une équipe de professeurs et de chercheurs, membres de la Société d'histoire du théâtre du Québec: Renée Legris (UQAM), coordonnatrice du projet et présidente, et les responsables des comités de la S.H.T.Q., les professeurs Jean-Marc Larrue (Cégep de Valleyfield/UQAM), responsable du comité de la revue *L'Annuaire théâtral*, André-G. Bourassa (UQAM), responsable du comité de la recherche, Gilbert David (UQAM/U. de M.), responsable du comité de la conservation. Ils ont été assistés par Chantal Lepage, étudiante de maîtrise à l'UQAM.

Le design et la scénographie de l'exposition reviennent à Nathalie Pavlowsky.

L'incendie de la maison Hayes; gravure inspirée d'une huile sur toile de James Duncan (1806-1881).

LE THÉÂTRE AU QUÉBEC 1825-1980

REPÈRES ET PERSPECTIVES

Renée Legris

Jean-Marc Larrue

André-G. Bourassa

Gilbert David

vlb éditeur

SOCIÉTÉ D'HISTOIRE DU THÉÂTRE
DU QUÉBEC

Ministère des
Affaires culturelles
Bibliothèque nationale du Québec

VLB ÉDITEUR
4665, rue Berri
Montréal, Québec
H2J 2R6
Tél.: 524.2019

Maquette de la couverture:
Louis Bélanger

Illustration de la couverture:
Reproduction d'une toile du peintre Jesus Carlos de Vilallonga,
intitulée *Palais du bal*, 1987, présentée avec la collaboration de la
Galerie Dominion à Montréal.

Conception:
Louis Bélanger

Typographie:
Louise Lecavalier et Atelier LHR

Reproduction photographique:
Jacques King

Distribution:
DIMÉDIA
539, boul. Lebeau
Ville Saint-Laurent, Qc
H4N 1S2
Tél.: 336.3941

Sommaire

Préface

La Bibliothèque nationale du Québec s'associe à la Société d'histoire du théâtre du Québec, pour proposer aux Québécoises et aux Québécois un ouvrage et une exposition sur «Le Théâtre au Québec 1825-1980».

Cet ouvrage et cette exposition témoignent d'une collaboration étroite, exceptionnelle, entre deux organismes; aussi, dois-je souligner l'apport important de la présidente de la Société, madame Renée Legris, qui, au cours des ans, s'est révélée une véritable complice de la Bibliothèque, en suscitant le dépôt d'importants fonds documentaires sur le théâtre, qui ont servi abondamment à la réalisation conjointe de cet événement. Je ne peux ici que la remercier de façon toute particulière.

La collaboration qui s'est établie entre la Société et la Bibliothèque prend tout son sens en regard de la similitude des objectifs que l'une et l'autre poursuivent: sensibiliser les Québécoises et les Québécois à l'importance de rassembler, de conserver et de diffuser les documents témoins de leur histoire. La Bibliothèque ne peut que souhaiter la concertation des acteurs du milieu théâtral, auteurs, comédiens, metteurs en scène, techniciens, théoriciens et historiens, pour une meilleure illustration de notre histoire du théâtre.

L'année 1988 marquant le dixième anniversaire de la Société d'histoire du théâtre du Québec, la Bibliothèque nationale du Québec lui offre ses félicitations pour tout le travail accompli et lui souhaite tout le succès qu'elle mérite dans la réalisation des nombreux objectifs qu'il reste à atteindre.

GEORGES CARTIER
Directeur général
Bibliothèque nationale du Québec

Remerciements

La Société d'histoire du théâtre du Québec (S.H.T.Q.) remercie la Bibliothèque nationale du Québec (B.N.Q.) pour l'intérêt qu'elle a porté au projet d'exposition et de publication: «Le Théâtre au Québec 1825-1980». Nous remercions son personnel, spécialement madame Geneviève Dubuc, responsable des relations publiques, qui a rendu possible l'exposition et la publication de cet ouvrage, de même que monsieur Louis Bélanger, qui en a assuré l'édition avec la collaboration de madame Louise Lecavalier. Nos remerciements vont aussi à monsieur Jacques King, chargé de la reproduction photographique, à messieurs Michel Biron et Joseph Blonde, du secteur des collections spéciales, à madame Louise Tessier et à monsieur Cyrille Voyer, qui ont participé à la recherche des revues et des périodiques.

Nous remercions monsieur Harvey Paradis du ministère des Communications, pour la réalisation du vidéo intitulé *Le Théâtre au Québec s'affiche*.

Soulignons le travail de collaboration des responsables des trois comités de la S.H.T.Q., messieurs André-G. Bourassa, Gilbert David, et Jean-Marc Larrue, qui ont accepté de travailler à l'organisation de l'exposition et de prendre en charge la rédaction d'un chapitre de cet ouvrage. Madame Chantal Lepage, assistante de recherche de théâtre à l'UQAM, a travaillé à l'identification des illustrations. Sans leur disponibilité et leur compétence, l'exposition et le présent ouvrage n'auraient pu se réaliser.

Nous voulons aussi signaler la qualité du travail de madame Nathalie Pavlowsky, designer-scénographe de l'exposition, qui a su mettre en valeur les collections de la B.N.Q.

RENÉE LEGRIS
présidente de la S.H.T.Q.

Introduction
par Renée Legris

À l'occasion du dixième anniversaire de son incorporation, la Société d'histoire du théâtre du Québec présente une exposition de divers documents conservés à la Bibliothèque nationale du Québec (B.N.Q.) comme patrimoine de la production théâtrale au Québec. La période choisie, de 1825 à 1980, commence avec l'ouverture du Théâtre Royal de Montréal, événement majeur pour l'histoire de l'Institution théâtrale au Québec, car il s'agit de la construction du premier lieu théâtral uniquement voué au spectacle sur scène[1]. Elle prend fin avec le début des années quatre-vingt, qui semble marquer un changement significatif dans la réalité théâtrale. Du moins est-ce la perception que nous en avons aujourd'hui. En effet, nous manquons de recul pour bien évaluer les transformations déterminantes qui en feraient une période au sens strict[2]. Il apparaît cependant que les années quatre-vingt présentent une génération nouvelle de metteurs en scène, d'auteurs et de compagnies théâtrales. L'engouement pour le théâtre des créations collectives appartient au passé des années soixante-dix, alors qu'un bouleversement structurel dans l'esthétique tant sur le plan dramaturgique que scénique est notoire. En gardant pour

---

1. Cette construction du Théâtre Royal est la troisième de son histoire, mais elle se définit par rapport à de nouveaux paramètres de production qui excluent la polyvalence des usages.

2. De plus les documents pour cette période sont encore trop peu nombreux à la B.N.Q. pour monter une exposition. Nous avons donc volontairement écarté la période des années quatre-vingt, trop proche de nous.

horizon les années quatre-vingt, nous pouvons mettre l'accent sur l'évolution du théâtre au Québec pendant ce siècle et demi qui les prépare et mieux saisir le sens de la périodisation que nous proposons. Cette périodisation témoigne en effet de l'effervescence du théâtre, dès les débuts du XIXe siècle, et de sa consolidation comme Institution avec le XXe.

Des documents pour l'histoire

Nous avons constaté en préparant cet ouvrage que les études sur l'histoire du théâtre au Québec sont encore trop peu nombreuses et qu'il est nécessaire de susciter plus de recherches dans ce domaine. Nous croyons que cette publication est un excellent moyen de rendre les Québécois plus conscients de la place que la vie théâtrale au Québec a toujours tenue, et de retracer les jalons qui permettent d'en saisir les divers aspects. Nous espérons que devant les besoins à combler concernant les fonds et les collections de théâtre, nous prendrons collectivement conscience de la nécessité de les conserver systématiquement dans nos institutions pour que nous puissions continuer à promouvoir et à rendre vivante l'histoire du théâtre au Québec.

Ce volume s'adresse à un public largement diversifié: le grand public qui s'intéresse à la vie culturelle du Québec, les gens de théâtre, les amateurs de spectacles sur scène, les étudiants de diverses formations littéraires, dramatiques, sociologiques, les professeurs de théâtre et les chercheurs dans ce domaine. Il s'agit de mieux faire connaître les collections de la B.N.Q. et de contribuer à l'identification des périodes où les manques se font le plus sentir et pour lesquelles il faudrait fournir un effort de complètement avant que ne se perdent les documents encore disponibles[3].

---

3. Dans la documentation photographique de cet ouvrage, certains trouveront avec raison que de nombreux manques se font sentir. Nous pouvons nous en expliquer par le fait que nous avons travaillé avec les documents déposés à la B.N.Q., à l'exclusion des autres institutions dont les théâtres eux-mêmes qui possèdent des documents.

Nous souhaitons apporter aussi des connaissances nouvelles, des points de vue complémentaires aux études déjà existantes[4] et stimuler de nouvelles recherches. Il faudrait que des études historiques, esthétiques et sémiologiques soient poursuivies sur des périodes moins étudiées, sur des questions de scénographie, sur des troupes et sur des écrivains de théâtre, qui n'ont pas fait l'objet de monographies ou d'analyses approfondies, et dont les chercheurs ont besoin pour écrire une Histoire générale du théâtre au Québec.

Nous avons constaté une autre lacune, au cours de nos recherches, qui se reflète dans cet ouvrage. Malgré notre effort pour rendre compte des activités des troupes et des théâtres à Québec et dans les diverses régions, les documents étant rares, il a été impossible de leur donner la place qu'idéalement ils devraient occuper[5]. Nous avions aussi choisi de faire porter notre recherche sur le théâtre professionnel. Nous n'évoquerons donc les troupes amateures que dans leur rapport à cette dimension de notre travail. D'autres

4. On consultera avec profit ces quelques ouvrages généraux sur le théâtre québécois parmi de nombreuses autres études plus spécifiques.

Bélair, Michel, *Le Nouveau théâtre québécois*, collection «Dossiers», Montréal, Éditions Leméac, 1973.

Béraud, Jean, *350 ans de théâtre au Canada français*, Montréal, Cercle du livre de France, 1958.

Collaboration, *Théâtre canadien-français*, Archives des Lettres canadiennes, tome 5, Montréal, Éditions Fides, 1976.

David, Gilbert, Claude et Marie-Francine Deslandes, *Centre d'essai des auteurs dramatiques, 1965-1975*, Montréal, C.E.A.D., 1975.

Godin, Jean Cléo, et Laurent Mailhot, *Le Théâtre québécois*, Montréal, Hurtubise HMH, t. 1 et 2, 1973 et 1980.

Hamelin, Jean, *Le Théâtre au Canada français*, Québec, Ministère des Affaires culturelles, 1964.

Lemire, Maurice et collaborateurs, *Dictionnaires des œuvres de la littérature au Québec*, Montréal, Fides, 5 tomes.

Rinfret, Édouard-G., *Le Théâtre canadien d'expression française; répertoire analytique des origines à nos jours*, 4 vol., Montréal, Leméac, 1975, 1976, 1977, 1978.

5. À l'exception de quelques affiches et de programmes qui seront mis en valeur dans l'exposition, fort peu de documents sont disponibles.

recherches devront être poursuivies par des spécialistes sur ces régions[6].

Notre objectif est donc triple: faire prendre conscience des besoins de conservation des documents de théâtre dans tout le Québec, tant métropolitain que régional; favoriser un plus grand intérêt pour la recherche historique en théâtre; diffuser plus largement les connaissances sur la production dramatique du passé, ce dont se préoccupe particulièrement la revue de la Société d'histoire du théâtre du Québec, *L'Annuaire théâtral*[7], et partant assurer une meilleure connaissance des fondements de notre culture théâtrale.

Cette sensibilisation collective pourrait même s'étendre, du moins nous le souhaitons, aux instances gouvernementales, afin qu'un support financier accru soit apporté et qu'une conservation plus systématique soit pratiquée dans les institutions où se développent des collections. Malgré les efforts fournis depuis vingt ans, entre autres à la B.N.Q.[8], il faut déjà penser au rattrapage et

---

6. Des recherches sur le théâtre régional trifluvien, co-dirigées par Raymond Pagé et Rémi Tourangeau (UQTR), ont permis quelques publications et, dans l'Outaouais, des travaux et des thèses, dirigées par John Hare (Université d'Ottawa), découvrent l'importance des activités théâtrales. Nous rappelons ici quelques titres.

Tourangeau, Rémi et Raymond Pagé, *Répertoire des troupes de Trois-Rivières*, t. 1. *Compagnons de Notre-Dame*, CEDOLEQ (Centre de documentation en lettres québécoises), UQTR, 1984, 145 p.

Tourangeau, R., *Trois-Rivières en liesse*, CEDOLEQ et Éditions Pleins bords, 1984, 208 p.

Tourangeau, R. et coll., *Cent vingt-cinq ans de théâtre dans l'Outaouais des origines à 1967*, (thèse de doctorat), Département d'Études françaises, Université d'Ottawa, 1986, 508 p.

Frégeau, Johanne, *Localisation des troupes franco-ontariennes et leur répartition selon leur secteur d'activités*, (thèse de maîtrise) Département de géographie, Université d'Ottawa, 1987.

7. Les Cahiers de théâtre *Jeu* jouent aussi un rôle essentiel par les études qu'ils diffusent sur les productions plus récentes du théâtre.

8. Radio-Canada, pour sa part, a mis en place une section d'archives sonores et visuelles où la production théâtrale est conservée systématiquement. Plusieurs universités du Québec (UQAM, UQTR, Université de Montréal, Université Laval), à l'instar de celles de l'Ontario et de l'ouest du Canada, ont aussi développé des collections de documents de théâtre, dont des manuscrits, en vue de mieux desservir les études avancées des départements de théâtre et les chercheurs spécialisés de ces universités.

tenter de prévoir les besoins de l'avenir. Nous pensons à tous les documents visuels (photographies et vidéos), aux documents sur la mise en scène, de même qu'aux affiches et aux programmes dont il importe de poursuivre l'acquisition. De nombreux renseignements y sont attachés pour établir les faits de production: metteur en scène, distribution, date des spectacles. Nous pensons aussi aux documents administratifs des troupes de théâtre[9], sans lesquels l'étude de l'Institution théâtrale n'est guère possible. Nous pensons surtout aux manuscrits d'auteurs, essentiels à l'édition critique et à l'histoire des productions textuelles et scéniques.

À l'occasion de cette publication, nous aimerions aussi rejoindre diverses institutions théâtrales: théâtres, troupes et individus (auteurs et comédiens, décorateurs et techniciens), qui possèdent des documents susceptibles d'enrichir notre patrimoine théâtral. Certaines troupes sont encore jeunes et n'ont sans doute pas pensé à faire le dépôt de leurs documents administratifs périmés. D'autres ayant plus de vingt et trente ans ou qui ont mis fin à leurs activités, pourraient aussi envisager une conservation institutionnelle à plus long terme.

Enfin les recherches que nous avons menées nous ont confirmé la valeur et l'intérêt du patrimoine théâtral québécois. Elles nous conduisent à considérer la nécessité de signaler au ministère des Affaires culturelles qu'il est souhaitable d'assurer, dans un très prochain avenir, la conservation des artefacts de théâtre, par exemple dans le cadre d'un éventuel musée du spectacle[10]. Car cet aspect de la conservation des objets théâtraux ne requiert pas moins d'être mis en valeur comme patrimoine et expression artistique du Québec. Il serait dommage que des institutions extérieures au Québec les acquièrent avant qu'ils ne soient reconnus comme patrimoine québécois, pour compléter leurs propres collections, ou que les objets ne se détériorent faute d'espace où les

---

9. Certaines troupes gardent leurs documents et à l'occasion, selon les besoins des chercheurs, y donneront accès. Nous pensons aux théâtres tant montréalais que québécois, qu'on craint d'ennuyer parce que la fonction de ces institutions n'est pas de subvenir aux intérêts des chercheurs ni de faciliter la consultation.

10. Un projet de «bibliothèque-musée des arts du spectacle vivant» est actuellement à l'étude par *Jeu*, qui veut répondre à ces besoins.

loger. Dans dix ans l'on regrettera sans doute de n'avoir pas su donner à temps une place à ces images de notre société.

En attendant que des actions plus concrètes répondent à ces besoins que nous évoquons, notre ouvrage permettra de mettre en valeur les documents conservés à la B.N.Q. Avec le temps, le passé prend toujours des dimensions nouvelles. Il faut en retracer les marques, relire sans cesse et réinterpréter à la lumière du présent ce qui a été produit, afin de mieux saisir l'avenir. Tels sont les besoins de la connaissance historique qui déterminent les balises de la conservation et de l'acquisition des livres et manuscrits et qui exigent la sauvegarde du patrimoine théâtral.

Perspectives et repères

L'effervescence du théâtre aujourd'hui risque de faire oublier les débuts et les tentatives de consolidation d'une expérience sans cesse élargie où les efforts de tous les artisans du théâtre ont marqué à diverses époques notre histoire. L'importance de rappeler que nous avons des racines et que la mémoire du théâtre doit se manifester dans nos écrits a motivé notre recherche. Les trois époques de la vie théâtrale retenues, et dont les documents ont gardé la trace[11], font l'objet d'une analyse qui en explicite la valeur historique et les conditions de production. La problématique de l'Institution théâtrale est sans doute le fil conducteur grâce auquel le lecteur pourra reconnaître l'unité de cet ouvrage, mais plusieurs autres aspects y sont traités. Selon l'importance des documents

---

11. L'exposition présente les documents de théâtre sous diverses rubriques: la scénographie, le répertoire publié et/ou joué, les auteurs, les comédiens sur scène, la fondation des troupes, les événements particuliers, la mise en scène (décor, costumes, masques, maquillage), la création de certaines œuvres québécoises ou étrangères, les espaces théâtraux (édifices, scènes, salles), la publicité. On retrouvera des spécimens de chacun dans notre publication. Des ouvrages scientifiques et didactiques rendront compte des études disponibles sur le théâtre québécois.

trouvés, et compte tenu des «lacunes» propres à chaque période, chacun des chapitres insistera sur l'un ou l'autre aspect de l'activité théâtrale et de sa spécificité. Scénographie, lieux théâtraux, troupes, maîtres d'œuvre, comédiens, auteurs, prendront tour à tour leur place.

Nous avons regroupé les illustrations des documents en trois grandes périodes auxquelles correspondent trois chapitres d'analyse: 1. les débuts du théâtre au Québec depuis la fondation du Théâtre Royal et la naissance du professionnalisme francophone (1825-1930); 2. l'organisation institutionnelle des théâtres (1930-1965); 3. l'éclatement des formes esthétiques traditionnelles, qui s'accompagne d'une production très importante des femmes et de l'exploration ludique des créations collectives (1965-1980). Le découpage pour lequel nous avons opté est empirique et il est construit pour mettre en relief certains aspects de la réalité théâtrale selon une périodisation qui favorisera une lecture polysémique des faits de théâtre entre 1825 et 1980. Dans chacune des parties, le lecteur pourra reconnaître les données historiques dont les documents témoignent encore aujourd'hui.

Les collections utilisées

De nombreux documents de théâtre ont été offerts à la B.N.Q. dès sa fondation en 1967. Au cours de la première année, se sont constitués les fonds Poitras et Rinfret et, dans les années subséquentes, les fonds Daoust et Sénécal. La B.N.Q. s'est dès lors enrichie d'ouvrages, de manuscrits, de photos, de coupures de journaux, d'affiches et de programmes divers. Les fonds des théâtres, des troupes, des organismes se sont développés par la suite. Le fonds du Théâtre du Nouveau Monde, déposé à la B.N.Q. en 1971, permet de conserver une partie importante de notre patrimoine théâtral, et il est d'une grande richesse. Nous avons aussi repéré, parmi tout ce matériel, de nombreux documents, des manuscrits et des photographies. Les fonds du Centre d'essai des auteurs dramatiques (C.E.A.D.), de l'Association québécoise du jeune théâtre (l'A.Q.J.T.) et de l'Association des directeurs de théâtre (A.D.T.) ont été acquis au cours des années quatre-vingt. Ces documents sont inestimables pour faire l'histoire de ces organismes mais aussi pour étudier diverses questions sectorielles de la vie théâtrale depuis les années soixante-dix.

Plusieurs auteurs ont déposé à la B.N.Q. leurs manuscrits ou dactylogrammes au début des années soixante-dix: Marcel Dubé, Jacques Languirand, Guy Dufresne, Michel Tremblay, puis Denise Boucher, et au cours des années quatre-vingt, Jovette Marchessault et René-Daniel Dubois[12]. Nous espérons que plusieurs autres les imiteront.

Les fonds Sénécal et Daoust nous ont fourni la plupart des documents présentés dans la première partie (1825-1930) et le fonds Rinfret, les documents regroupés dans la deuxième partie (1930-1965). Ces fonds comprennent des manuscrits, dactylogrammes, photographies, ouvrages et revues. Le fonds du T.N.M., riche en documents administratifs, en photographies, en affiches et en programmes, a servi pour la deuxième et la troisième partie de l'exposition. Les documents du C.E.A.D., de l'A.Q.J.T. et de l'A.D.T., se retrouvent dans la troisième partie (1965-1980), de même que les fonds de plusieurs auteurs. Le fonds Languirand, le plus complet pour faire l'étude d'une production ou d'une édition critique, présente des documents inédits et d'une grande diversité, particulièrement pour *Klondyke*. De même en est-il pour *Les Fées ont soif* de Denise Boucher, un fonds très diversifié[13].

---

12. Ces deux auteurs appartiennent à la période des années quatre-vingt que nous n'avons pas retenue pour l'exposition actuelle.

13. Il serait très intéressant que soient enrichis les fonds des auteurs déjà nommés ci-haut, et de solliciter d'autres auteurs qu'il serait trop long de nommer ici, mais dont les œuvres sont importantes pour notre patrimoine théâtral. Il serait aussi souhaitable que le théâtre des créations collectives soit conservé (textes, canevas, photos). Pour l'instant il faut encore travailler avec des sources secondes, les revues entre autres et quelques documents épars, pour amorcer des recherches. Les sources premières seront de plus en plus essentielles pour pousser plus avant les études sur ces productions théâtrales.

La B.N.Q. possède aussi un fonds très important de textes de théâtre radiophonique et télévisuel[14]. Nous savons qu'avec la crise économique la radio a servi de relais au théâtre sur scène, passant de l'expression populaire et traditionnelle (1930-1950) à la création d'un théâtre moderne et littéraire (1950-1980). Une panoplie d'œuvres québécoises s'est constituée en même temps qu'on diffusait le répertoire étranger, ouvrant le Québec à une appropriation toujours plus actualisée du théâtre et créant un vaste répertoire de la dramaturgie québécoise. Nous n'avons pas retenu ces secteurs très riches en documents radio-télévisés en raison de limites d'espaces et parce que la production de ces médias nécessiterait un ouvrage spécifique.

---

14. On consultera les œuvres de Robert Choquette, d'Henri Letondal, d'Yvette Mercier-Gouin, de Claude Gauvreau, de Claude-Henri Grignon, de Guy Dufresne, de Jacques Languirand, de Louis Pelland, d'Yvette Naubert, d'Yves Thériault, la plupart accessibles sur microfilms. Le fonds important de textes radiophoniques, déposés par Paul L'Anglais dans le cours des années soixante-dix, comprend entre autres des textes d'Henry Deyglun, de Jean Desprez, d'Henri Letondal, de Jean Laforest. La production théâtrale médiatique a été plus importante au Québec, comme en témoignent quelques publications parues depuis les années soixante-dix. On consultera à cet effet les ouvrages et études suivantes:

Pagé, P., R. Legris, L. Blouin, *Répertoire des œuvres de la littérature radiophonique québécoise*, Montréal, Fides, 1975, 825 p.

Pagé, P., R. Legris, *Répertoire des dramatiques à la télévision québécoise 1952-1977*, Montréal, Fides, 1977, 282 p.

Duchesnay, Lorraine, *Vingt-cinq ans de dramatiques à la télévision de Radio-Canada*, Montréal, Les Éditions de Radio-Canada, 1978, 485 p.

Pagé, P., R. Legris, «Le Théâtre à la radio et à la télévision au Québec», coll., *Théâtre canadien-français*, Archives des lettres canadiennes-françaises, tome 5, Montréal, Fides, 1976, p. 291-318.

Pagé, P., R. Legris, *Le Comique et l'humour à la radio québécoise 1930-1970*, tome 1, Montréal, Éditions La Presse, 1976, 677 p. (épuisé); tome 2, Montréal, Fides, 1979, 736 p.

Legris, R., «Les Dramatisations historiques à la radio», dans *L'Annuaire théâtral*, La Société d'histoire du théâtre du Québec, no 2, printemps 1987, p. 39-48.

Les illustrations des documents de théâtre

Chacune des parties illustrées de l'ouvrage présente un choix de spécimens, tirés des collections de la B.N.Q., qui auront été exposés. Ces documents pourraient se regrouper sous diverses rubriques: 1. affiches, placards, programmes, photos; 2. publications et manuscrits d'œuvres publiées ou seulement jouées; 3. photos des principaux théâtres à Montréal et à Québec; 4. publications sur le théâtre qui lui ont assuré une «réception» significative: revues de théâtre, ouvrages publiés, articles de journaux. Tous ces documents et ouvrages proposeront une saisie globalisante des développements de la vie théâtrale au Québec.

Nous aurions aimé pouvoir tout nommer, faire à chaque aspect et à chaque artisan du théâtre une large place. Le cadre de cette publication ne permet que de proposer des repères, de tracer des signes reconnaissables d'une vie plus profonde, plus déterminante aussi de l'Institution théâtrale, qui est à la fois complexe et vaste. Seule une encyclopédie ou une histoire du théâtre au Québec, pour laquelle nous voulons ici poser d'autres jalons[15], permettra de donner à la société québécoise une vision plus juste de ce que les gens de théâtre ont créé au pays depuis près de deux siècles.

---

15. Cette Histoire se construit peu à peu et se refait pour ainsi dire à chaque fois que des recherches fondamentales font avancer le domaine de nos connaissances. Il faut poursuivre les études sur le passé et engager des travaux sur les périodes plus récentes afin qu'elles éclairent aussi celles qui les ont précédées.

Entrée en scène des professionnels
1825-1930

par Jean-Marc Larrue

Notre propos n'est pas de brosser un tableau, même sommaire, de l'évolution du théâtre québécois entre 1825 et 1930, mais de suggérer des perspectives de développement du théâtre au Québec, en écartant d'emblée tous les essais amateurs ou scolaires qui n'ont pas de rapports directs et significatifs avec le théâtre professionnel.

Notre objet sera donc, essentiellement, le théâtre professionnel — et commercial — au Québec, tel qu'il existait entre 1825 et 1930. Or ce théâtre était presque exclusivement anglais au début de la période. Pour comprendre l'apparition plus tardive et l'évolution du théâtre professionnel d'expression française au Québec, il faut partir de ce qui l'a précédé, en l'occurrence le théâtre anglais. Dans une large mesure, le théâtre francophone professionnel, tel qu'on l'a connu au cours de ces années, est né du théâtre anglo-américain, grâce à lui et à cause de lui.

Ce rapport complexe, qui a donné lieu à de nombreux paradoxes, a profondément marqué notre histoire théâtrale.

Montréal et Québec: la rivalité

Lorsque le 21 novembre 1825, John Molson, homme d'affaires et politicien réputé de la ville, convia le Tout-Montréal à l'inauguration de son Théâtre Royal[1], il savourait la réalisation d'un rêve qu'il caressait depuis près de dix ans. Bien sûr, il pouvait s'enorgueillir de la beauté du bâtiment, œuvre de l'architecte Forbes, largement inspiré du magnifique édifice de la Banque de Montréal situé rue Saint-Jacques, mais Molson avait d'autres raisons de jubiler. En parvenant à construire ce théâtre fort respectable pour l'époque, ses associés et lui démontraient avec éclat l'intérêt des Montréalais pour les activités culturelles et artistiques. C'était une belle leçon servie aux habitants de la capitale — Québec — qui considéraient avec une certaine condescendance les habitants de la nouvelle métropole. Bien forcés de convenir que les Montréalais étaient d'excellents entrepreneurs et des commerçants dynamiques, les Québécois leur niaient toute sensibilité aux «choses de l'esprit». Mais Montréal avait enfin son grand théâtre, le plus vaste, le plus moderne et le plus beau du pays.

Le Théâtre Royal n'était certes pas le premier établissement montréalais à offrir des spectacles dramatiques. Selon le chroniqueur Franklin Graham[2], il s'agirait, chronologiquement, de la sixième salle de spectacles ouverte à Montréal. Mais c'était le premier véritable théâtre de la ville. Les salles antérieures étaient polyvalentes et sous-équipées. Ouvertes occasionnellement au théâtre, elles étaient rapidement recyclées en salles de bal, de joutes sportives ou de réunions de toutes sortes. On doit donc considérer l'inauguration du Théâtre Royal en 1825 comme une étape importante dans l'établissement d'une tradition théâtrale professionnelle.

---

1. Nous avons choisi de respecter les appellations et l'orthographe en usage dans les journaux canadiens-français de la fin du XIXᵉ siècle. Ainsi, nous écrirons Théâtre Royal (et non Theatre Royal), Académie de Musique (et non Academy of Music), Her Majesty's (et non Théâtre de Sa Majesté), etc.

2. Franklin Graham, *Histrionic Montreal*, Montréal, John Lovell & Son, 1902, p. 40.

Le Théâtre Royal, qu'on désignait familièrement sous le nom de Théâtre Molson, était situé au cœur de la cité commerçante, rue Bonsecours au coin de Saint-Paul. D'une hauteur de deux étages, il pouvait recevoir près de mille spectateurs et contenait deux rangées de loges ainsi qu'une large fosse d'orchestre.

La carrière de ce théâtre fut relativement brillante et connut un sommet le 31 juillet 1826 alors que le célèbre tragédien anglais Edmund Kean y apparut dans le rôle de Gloster dans *Richard III*. L'événement est à souligner en raison de son caractère tout à fait exceptionnel, mais surtout parce qu'il illustre bien le fonctionnement de l'activité théâtrale au cours de la première moitié du XIXe siècle.

Le fonctionnement des troupes

Le Théâtre Royal, comme la plupart des théâtres permanents d'alors en Amérique du Nord, était dirigé par un artiste qu'on appelait *actor-manager*. L'*actor-manager* était à la fois le directeur artistique et administratif ainsi que la vedette de la troupe locale. C'est lui qui recrutait ses collègues et fixait le répertoire en fonction, principalement, de ses propres goûts et aptitudes. À l'époque, cependant, il n'y avait pas de metteur en scène, la fonction n'étant d'abord apparue qu'en Europe à la fin du siècle. Le système de production reposait sur la spécialité des interprètes. On attendait de chacun d'eux qu'il connaisse une cinquantaine de rôles, toujours dans le même registre — jeune premier ou jeune première, coquette, vilain, etc. Le chef de la troupe, l'*actor-manager*, choisissait une pièce que chacun répétait d'abord individuellement et qui faisait l'objet d'une répétition générale immédiatement avant la première. L'avantage de cette pratique était de réduire considérablement la durée et le coût des répétitions. Mais les inconvénients étaient très nombreux. De façon générale, les spectacles manquaient d'équilibre et d'unité, chaque artiste tentant, souvent au mépris de l'œuvre et de ses collègues, de mettre

en évidence ses propres talents d'interprète, ses aptitudes athléti-
ques ou vocales. La qualité des spectacles dépendait des perfor-
mances individuelles, non de l'homogénéité d'une troupe ou de
la personnalité de son directeur.

Pour assumer la direction du Royal, Molson fit appel à un
artiste anglais installé à Boston, Frederick Brown. C'est lui qui
assura l'ouverture du Royal. Artiste polyvalent, il produisait aussi
bien des comédies que des drames ou des tragédies. Mais cet éclec-
tisme ne fut guère rentable.

Les transformations de l'organisation théâtrale en Amérique du Nord: 1ère phase

Le Théâtre Royal fonctionnait donc comme tous les théâtres
des villes nord-américaines de quelque importance. Cependant,
en raison du fonctionnement interne de leurs troupes — la distribution par emploi — et de la présence de l'*actor-manager*, la qualité des spectacles qu'ils offraient était directement tributaire de la
valeur des interprètes. Dans les théâtres riches, généralement
situés dans les plus grandes villes, la direction pouvait se permettre d'engager d'excellents comédiens qu'elle payait évidemment
très cher. Mais dans des villes petites ou moyennes, la troupe était
presque invariablement médiocre. C'était le cas à Montréal. À
partir de 1825 et de la fameuse visite d'Edmund Kean, les choses
allaient pourtant changer.

Les premières tournées des vedettes européennes — surtout
anglaises — effectuées dans des conditions techniques et matérielles particulièrement éprouvantes, ne tardèrent pas à se multiplier
et à se développer. Au début, faute de moyens de transport adéquats, les vedettes anglaises qui se risquèrent en Amérique du
Nord le firent solitairement, s'appuyant sur les ressources humai-
nes et techniques des troupes locales pour produire leurs spectacles. C'est ainsi que lors de sa venue à Montréal en 1826, Kean
s'entoura des principaux artistes du Royal. Le 2 août 1826, il joua
Othello, tandis que Frederick Brown incarnait Iago. Si la venue de

Kean à Montréal était bien sûr une excellente affaire pour Molson, si elle put flatter pour un temps la vanité de Brown, elle eut, ici comme ailleurs, d'autres conséquences beaucoup plus graves. Des comparaisons s'imposèrent et les troupes locales, surtout dans les petits centres, perdirent de leur éclat.

Ces tournées lucratives devinrent de plus en plus fréquentes — le développement du chemin de fer aidant — mais les vedettes européennes et américaines en tournées, sans doute échaudées par quelques expériences difficiles, réduisirent rapidement leur dépendance à l'égard des troupes locales. Dès 1860, elles arrivaient dans les différents théâtres avec un noyau d'acteurs permanents venus avec elles d'outre-mer et apportaient dans leurs bagages leur propre équipement de scène. Dès lors, les vedettes locales étaient réduites à des rôles mineurs. L'ère des troupes de tournées commençait.

Pour Montréal et Québec, les deux seuls centres théâtraux du Québec, la substitution progressive des troupes de tournées aux troupes locales allait avoir un impact considérable sur la qualité et la variété des spectacles offerts. Elle allait aussi modifier les rapports qu'elles entretenaient avec les États-Unis. Rapidement en effet, les deux villes allaient être intégrées aux circuits américains de tournées. Dans les faits, et dès les années 1860, le système était partiellement établi et des troupes de tournées se relayaient avec régularité sur les scènes locales, y présentant leurs derniers succès. Mais l'avènement des troupes de tournées correspondit parallèlement à la centralisation des affaires théâtrales à New York. Plus encore, il assura, et pour longtemps, l'hégémonie de New York sur l'ensemble du continent en matière théâtrale. Le goût new-yorkais s'étendit et s'imposa. Avant de partir en tournée, un spectacle devait d'abord passer le test new-yorkais. Alors, auréolée du prestige de la réussite, la production menait, parfois pendant des années, de grandes tournées continentales. Quand le succès obtenu sur Broadway était plus triomphal encore, on pouvait envoyer en tournée jusqu'à cinq ou six troupes affublées du même nom et des mêmes épithètes ronflantes que l'originale. Des centaines de milliers de spectateurs eurent ainsi la conviction de voir dans les théâtres les plus reculés du continent les grands triomphes de New York tels que les avaient acclamés la foule et la critique new-yorkaises. Le subterfuge dura.

Cette situation ne pouvait guère favoriser le théâtre d'expression française qui, dans ce contexte, devait demeurer mineur, relégué à quelques expériences amateures ou scolaires. Quoi qu'en disent certains historiens, il ne faut pas chercher dans les premiers essais de jeu et d'écriture dramatiques de cette époque les ferments de l'«Âge d'or» théâtral de Montréal ou d'une quelconque tradition.

On saisit bien le paradoxe de la situation. Dans des villes majoritairement francophones, les seuls spectacles offerts par des professionnels étaient anglais et tous les théâtres commerciaux appartenaient à des intérêts canadiens-anglais ou américains. Se pose ainsi le problème crucial du public.

Le public et ses attentes

Il serait faux de croire que les Canadiens français de Montréal et de Québec aient boudé les scènes anglaises. Au contraire, nous avons de multiples preuves de leur présence nombreuse et fidèle au Royal et dans les autres théâtres des deux villes. Mais cette réalité indéniable ne doit pas en occulter une autre, tout aussi importante. Les Canadiens français voulaient avoir un théâtre bien à eux! Cette volonté se confondit rapidement au sentiment national. Il suffit, pour s'en convaincre, de relire les multiples appels à la création d'un théâtre national qui jalonnent notre histoire théâtrale. Mais ces appels, qui aboutirent quelquefois à l'ouverture éphémère d'une salle ou à l'engagement d'une petite troupe[3], n'eurent pas d'effets durables avant la fin du XIXe siècle. Le désir, pourtant, ne s'éteignit pas, évoluant au gré des fièvres nationalistes.

Les directeurs des théâtres locaux, qui étaient tous anglophones, avaient conscience de cela et déployèrent de louables efforts

---

3. Il en est ainsi de la création d'un théâtre français en juin 1860. Voir dernière illustration.

pour satisfaire leurs concitoyens d'expression française. Ils mirent régulièrement leur scène et leur équipement à la disposition des troupes d'amateurs francophones qui s'activaient dans les deux villes et ils s'efforcèrent d'attirer dans leurs établissements la plupart des artistes français qui effectuaient des tournées ou résidaient aux États-Unis. Mais, en dépit de cela, l'activité théâtrale francophone, amateure et professionnelle — celle-ci restant très exceptionnelle — demeurait tout à fait marginale. Jusqu'en 1880, les spectacles donnés en français constituaient moins de 5% de l'ensemble de l'activité théâtrale locale. Québec était pourtant presque exclusivement francophone et près de deux Montréalais sur trois étaient d'expression française.

Au cours des vingt dernières années du XIXe siècle, les pressions économiques et le jeu de la concurrence firent du public francophone le principal enjeu de la plupart des directeurs de théâtre des deux villes. Parallèlement à cela, le théâtre se démocratisa et devint plus populaire. Le phénomène est d'autant plus perceptible à Montréal que les masses ouvrières de l'est et du sud-ouest de l'île, qui avaient encore peu fréquenté le théâtre (qu'elles percevaient comme un loisir de luxe), trouvèrent dans les nouveaux genres un indéniable intérêt. L'apparition du vaudeville américain allait bouleverser le marché.

1880: les grands bouleversements: Fréchette, Sarah et le vaudeville américain

Trois événements majeurs allaient, en quelques années, bouleverser l'organisation du théâtre au Québec. Il s'agit, chronologiquement, des productions de Louis-Honoré Fréchette à l'Académie de Musique de Montréal en juin 1880, de la première visite de Sarah Bernhardt en décembre de la même année et de l'avènement du vaudeville américain en 1883.

C'est le 11 juin 1880 qu'eut lieu la création du célèbre drame patriotique *Papineau* de Louis-Honoré Fréchette. Le lendemain, également en première, était produit son *Retour de l'exilé*. Les deux pièces devaient ainsi alterner devant des salles combles durant une semaine entière dans ce qui était alors le plus vaste théâtre du Canada.

La qualité littéraire des drames de Fréchette et leur originalité ont fait l'objet d'innombrables polémiques[4] mais, dans la perspective historique qui est la nôtre, leur impact sur le public francophone et leur valeur symbolique transcendent toute autre considération. C'est donc sous ce double aspect seulement que nous les évoquons ici.

Ces deux œuvres interprétées par les meilleurs amateurs de Montréal avaient été produites avec des moyens et selon les exigences des meilleures troupes professionnelles de tournées. Les décors, les costumes, les effets sonores et visuels — jusqu'à l'odeur de poudre —, tout visait le réalisme scénique. Les quarante interprètes, figurants ou parlants, qui jouaient dans *Papineau* s'exécutèrent avec une conviction digne des vedettes de Broadway. Toutes les scènes de combat, en particulier la bataille de Saint-Denis, coupèrent le souffle aux 2 000 spectateurs entassés dans l'Académie, en même temps qu'elles attisèrent leurs sentiments patriotiques. Il y avait de quoi!

Au paroxysme du combat, une trentaine de Patriotes retranchés dans une maison subissent la canonnade des troupes anglaises. Un obus atteint l'un des murs dans un vacarme assourdissant. Le mur s'entrouvre, soulevant un nuage de poussière dense. Les Patriotes s'engouffrent dans la brèche béante, pointent leurs armes chargées vers l'ennemi invisible, en l'occurrence le public, et chargent! On imagine l'émotion.

Le Retour de l'exilé offrait moins d'effets sensationnels. Plus intériorisé, plus profond également, le drame n'en eut pas moins un immense effet sur la sensibilité du public[5].

Si nous insistons sur ces deux œuvres largement discréditées aujourd'hui par les littéraires, c'est qu'elles constituent les premières manifestations d'une esthétique théâtrale québécoise et

---

4. Voir à ce propos Paul Wyczynski, «Louis Fréchette et le théâtre», *le Théâtre canadien-français: archives des lettres canadiennes*, Montréal, Fides, 1976, pp. 137-166.

5. Les mêmes interprètes tenaient les rôles principaux dans les deux pièces.

qu'elles illustrent la volonté croissante, chez les francophones, d'établir leur propre tradition théâtrale. Malgré le statut amateur de leurs interprètes, ces deux productions marquent le début d'un long processus d'appropriation théâtrale qui ne connut son aboutissement qu'au siècle suivant.

Au plan esthétique, ce que révèle le succès de ces productions, c'est l'importance de l'influence américaine au Québec. Cela ne surprend pas. En dépit de leur thème proprement québécois, les deux spectacles auxquels ces œuvres donnèrent lieu étaient dignes des grosses productions américaines. La recherche des effets à laquelle tout était sacrifié, l'utilisation de nombreux procédés techniques et les grands déploiements, tout rappelait Broadway. Et le public applaudit.

Sarah Bernhardt

La venue de Sarah Bernhardt sur la même scène en décembre 1880 n'eut pas pour effet d'éclipser ces deux succès. Au contraire. Au-delà du scandale qu'elle provoqua[6] et de ses démêlés avec les autorités religieuses de Montréal et de Québec[7], Sarah Bernhardt encouragea les vocations parmi les artistes amateurs et, surtout, elle contribua à renforcer les sentiments nationalistes du public canadien-français. Les multiples témoignages d'affection et de reconnaissance que Sarah reçut sur scène et dans la rue illustrent bien la dimension hautement symbolique, voire politique, de sa venue. Pour le public et les amateurs francophones, elle allait

6. Sarah Bernhardt avait en effet décidé de jouer une pièce jugée immorale, *Adrienne Lecouvreur*, durant cette période de l'Avent.
Sarah Bernhardt vint à diverses reprises à Montréal: durant les semaines du 23 décembre 1880, du 6 avril 1891, du 26 février 1896, du 27 novembre 1905, du 23 janvier 1911, du 7 juin 1911, du 12 octobre 1916 et du 20 mars 1917.

7. Voir à ce propos Jean Laflamme et Rémi Tourengeau, *l'Église et le théâtre au Québec*, Montréal, Fides, 1979, p. 177 et ss.

jouer le rôle de déclencheur. Mais cette célèbre visite revêt un autre intérêt pour l'histoire théâtrale nord-américaine.

Nous savons que Sarah Bernhardt avait entrepris cette première tournée en Amérique du Nord pour se sortir d'une situation financière extrêmement précaire. Ce n'est donc ni par philanthropie ni par sympathie particulière pour les Canadiens français qu'elle avait décidé de traverser l'Atlantique. De fait, ce n'est que bien tardivement, et après qu'ait débuté la tournée, que Montréal fut inscrite à l'itinéraire de la vedette. Ceci explique qu'elle ait joué à Montréal entre Noël et le Jour de l'An, période habituellement très calme dans le monde du théâtre. S'il était une ville où, en dépit des festivités de fin d'année, Sarah pouvait faire salle comble, c'était bien dans une ville francophone. Le public, bien entendu, répondit à l'appel. Ce faisant, il augmentait sa dépendance à l'égard de l'organisation théâtrale américaine qu'il contribuait à enrichir.

Après Sarah, qui revint régulièrement au Québec jusqu'à la fin de sa carrière, toutes les grandes vedettes parisiennes entreprirent des tournées en Amérique du Nord et firent halte au Québec. Coquelin l'aîné, Mounet-Sully, Segond-Weber et Jane Hading emboîtèrent rapidement le pas à celle qu'on allait surnommer «la Divine». Mais aucune de ces étoiles parisiennes, ni de celles qui suivirent, n'eurent sur l'institution du théâtre nord-américain et québécois autant d'influence que Sarah. Aucune n'eut autant de succès de foule, ni autant de pouvoir.

Pour illustrer cette affirmation, il suffit de se reporter à sa tournée de 1904-1905. À cette époque, presque toutes les activités théâtrales nord-américaines étaient dirigées par un monopole, le *Trust*. Ses exigences étaient telles qu'un petit groupe de réfractaires, mené par les frères Shubert, tenta de constituer une organisation rivale au bénéfice des artistes. L'entreprise aurait eu peu de chances d'aboutir sans l'initiative de Sarah. En effet, au lieu de confier l'organisation de sa nouvelle tournée aux gens du *Trust* ou à ses alliés, comme elle l'avait fait précédemment, Sarah s'adressa au groupe des Shubert qu'on nommait «les Indépendants». Le *Trust* réagit en fermant tous ses théâtres à Sarah et en obligeant tous ses alliés à faire de même. La situation était d'autant plus embarrassante que «les Indépendants» contrôlaient à peine une vingtaine d'établissements aux États-Unis et n'en avaient aucun au Canada. Le *Trust* pensait ainsi forcer l'annulation de la tournée, mais c'était compter sans l'opiniâtreté de «la Divine». Celle-ci loua le chapiteau du cirque des frères Ringling et commença sa tournée sous la tente dans la ville de San Francisco, que venait de ravager un terrible tremblement de terre. Et Sarah eut le bon goût de verser tous ses profits aux victimes du séisme. C'était suffisant pour déclencher dans la presse américaine une campagne de dénigrement du *Trust*, tandis que ne cessaient d'être chantées les vertus de l'étoile parisienne. La tournée de 1904-1905 fut la plus lucrative des tournées de Sarah. Elle contribua largement à asseoir l'autorité des «Indépendants» et à les enrichir. Indirectement, c'est donc elle qui allait permettre à ces derniers de venir à bout du monopole que, par ailleurs, ils ne tardèrent pas à imiter.

Si l'influence de Sarah fut déterminante dans l'évolution des affaires théâtrales aux États-Unis, elle n'eut pas, au Québec, tout l'impact qu'on aurait pu souhaiter. Bien sûr, comme nous le soulignions, chaque visite de la vedette fut un événement. C'est dans le sillage de sa tournée de 1880-1881 que fut constituée la première troupe locale aux prétentions professionnelles — la Troupe Franco-canadienne — c'est aussi l'exemple de Sarah qui détermina la Montréalaise Blanche de la Sablonnière (Angéline Lussier) à entreprendre une carrière d'interprète, devenant ainsi notre première artiste professionnelle[8]. Mais Sarah ne servit aucunement la cause des établissements francophones. Toutes ses apparitions à Montréal et à Québec eurent lieu dans des salles appartenant aux Américains et s'inscrivaient dans de grandes tournées gérées de New York, de sorte que tous les profits qu'engendraient ces visites retournaient directement aux promoteurs new-yorkais.

Si l'absence de scènes autonomes, dirigées par des francophones, explique cette situation au XIXe siècle, on comprend mal que Sarah n'ait pas accepté de jouer sur la scène du Théâtre National (qui comptait tout de même 1 500 places et disposait d'un équipement moderne adéquat) par la suite. En 1905 en particulier, lorsque le *Trust* avait décidé de fermer ses salles à la «Divine»,

---

8. On la surnommait d'ailleurs la «Sarah canadienne».

il fallut d'énormes pressions des directeurs (anglophones) des théâtres locaux pour que le monopole accepte d'ouvrir une de ses salles (le Théâtre Français) à la vedette. On a peine à imaginer ce qu'aurait pu être alors la venue de Sarah au National ou au Théâtre des Nouveautés. En termes financiers, cela aurait équivalu aux revenus nets de trois bons mois. Mais en termes de prestige, cela aurait été inestimable.

Si Sarah contribua, par sa seule présence, au développement de l'activité théâtrale locale, si elle éveilla des vocations et encouragea les initiatives de quelques promoteurs francophones, elle ne fut, encore une fois, qu'un déclencheur. Et nous jugeons exagérée l'affirmation de Léopold Houlé selon laquelle la carrière du théâtre canadien-français commença avec — et grâce — à la vedette parisienne[9]. On ne peut lui attribuer un tel pouvoir.

Les créations de Fréchette et les visites de Sarah eurent pour effet de révéler aux francophones leur pouvoir économique — en tant que public de théâtre — et à accroître chez eux le désir d'établir un théâtre national. Ce qui, en somme, apparaissait alors, c'était le désir de se libérer du théâtre de Broadway. Si Sarah et Fréchette amorcèrent la scission linguistique du public québécois (entre anglophones et francophones), un autre facteur provoqua une stratification de ce même public basée sur les origines sociales des spectateurs. Ce phénomène était nouveau au Québec où, jusqu'alors, seuls la classe bourgeoise et le public lettré assistaient aux spectacles dramatiques. C'est l'invention du vaudeville américain qui déclencha le mouvement.

Le vaudeville américain et le public populaire

Ce genre nouveau naquit à New York en 1881. C'est à Tony Pastor qu'on en attribue la paternité. Historiquement, le vaudeville américain, qu'il ne faut pas confondre avec son homonyne

9. Léopold Houlé, *Histoire du théâtre au Canada*, Montréal, Fides, 1945, p. 42.

français, s'inscrit dans la lignée des spectacles de variétés américains qui, des *Minstrellies* aux *Variety Shows*, se répandirent au cours du XIXᵉ siècle à travers tous les États-Unis. Mais ces spectacles avaient généralement mauvaise réputation. Donnés dans des bars ou, par la suite, dans des salles attenantes à des débits de boisson, ils attiraient un public tapageur, volontiers bagarreur et toujours éméché. Le spectacle de variétés, constitué d'une succession de numéros aussi hétéroclites que grossiers, était fortement empreint d'érotisme — le *blue Stuff* — et exploitait les sentiments racistes et chauvins de son public exclusivement mâle. L'originalité de Pastor fut de comprendre qu'il existait un public d'origine modeste, composé de jeunes familles (avec femmes et enfants), qui ne fréquentait pas les théâtres traditionnels, trop huppés et trop chers, et qui refusait de se mêler au public des *Varieties*. Le vaudeville, tel que l'instaura Pastor, fut donc une épuration du *Variety Show* dont il conserva la structure d'ensemble et le rythme, mais dont il exclut tout ce qui pouvait paraître irrévérencieux envers la morale, la religion, la famille et les femmes. Ce faisant, il exigea des interpètes de variétés un plus grand professionnalisme.

Un spectacle de vaudeville comprenait généralement une dizaine de numéros. Il s'ouvrait et finissait par une farce ou une brève comédie. Entre-temps, le public avait droit à des numéros d'acrobatie, de prestidigitation, de chants, de danses, etc. Pastor ne tarda pas à faire école. Dans tous les États-Unis, un public enthousiaste et fort nombreux, qui avait jusque-là ignoré le théâtre, découvrit dans ces spectacles un passe-temps divertissant, anodin et, surtout, accessible. Car l'entrée au vaudeville ne coûtait que dix cents. Ainsi débuta l'ère des *One Dime Theatres*.

Ce n'est qu'en juin 1883 qu'un promoteur théâtral américain du nom de Henry Jacobs fit connaître le nouveau genre aux Canadiens français. Jacobs installa un chapiteau, pompeusement baptisé *Royal Museum and Theatorium*, au coin des rues Sainte-Catherine et Université. L'appellation *Museum* n'était pas fortuite. Comme la plupart des établissements du genre, ce *Royal* comportait une galerie des curiosités qui n'étaient pas loin de rappeler certaines attractions de cirque: la femme la plus grosse du monde, l'homme-marteau, le plus petit nain, etc.

Du 25 juin 1883, date de son érection, au 25 septembre, date de son démantèlement, le *Royal Museum and Theatorium* ne dérougit pas. Le *Jacobs' Show*, ainsi qu'on l'appelait, séduisit tout autant le public que la critique. «Ladies and children are delighted and everybody [is] surprised at the wonderful success» clamait *The Gazette* après la première semaine de spectacle[10].

L'avènement du vaudeville américain au Québec modifia le cours de l'histoire théâtrale locale de façon radicale puisqu'il transcendait, en raison même de sa nature, les barrières linguistiques. Le genre recruta sa clientèle aussi bien parmi les francophones que les anglophones des quartiers populaires de la ville. Ainsi, au public bourgeois, désormais scindé en deux goupes linguistiques distincts, s'ajouta un public populaire encore homogène. La stratification sociale contrariait les effets de la scission linguistique. Il résulta de tout cela une rapide spécialisation des établissements.

Vers la spécialisation des établissements: les genres et les publics

En 1880, au moment où Sarah Bernhardt entreprenait sa première visite à Montréal, la ville comptait cinq salles de spectacles. Les deux plus remarquables d'entre elles étaient le nouveau Théâtre Royal et l'Académie de Musique. Depuis 1825, date de l'inauguration du premier Théâtre Royal — ou Théâtre Molson — Montréal connut un formidable développement démographique et économique. Le domaine du théâtre vécut une expansion similaire.

Le Théâtre Molson, qui tomba sous le pic des démolisseurs en 1844 pour faire place au futur Marché Bonsecours, fut rapidement remplacé par un nouvel établissement — qu'on appela Théâtre Hays, du nom de son propriétaire Moses Hays — qui ouvrit ses

---

10. *The Gazette*, 2 juillet 1883, p. 4.

portes le 10 juillet 1847. Ce théâtre, plus vaste que le précédent, était situé sur le Champ-de-Mars. L'imposant bâtiment de quatre étages, qui abritait également un hôtel et un commerce, connut une bien brève carrière. Il fut dévasté par le célèbre incendie qui détruisit une bonne partie de Montréal en 1852, quelques mois à peine après qu'un autre établissement, nommé lui aussi Théâtre Royal, ouvrît ses portes rue Côté, juste au nord de la rue Craig. Cet autre Théâtre Royal, qui pouvait accueillir jusqu'à 1 500 spectateurs, joua un rôle déterminant dans l'évolution du théâtre local au cours des soixante années suivantes et devint l'une des scènes les plus populaires de la ville. Son règne fut sans partage jusqu'en 1874 alors qu'un groupe d'hommes d'affaires locaux fit construire la prestigieuse Académie de Musique.

Dans son trop bref historique, *les Théâtres et les lieux d'amusements à Montréal pendant le XIXe siècle*, Édouard-Zotique Massicotte accorde une importance considérable, et justifiée, à cet établissement.

> L'année 1874 marque les débuts de l'ère moderne des théâtres montréalais car elle vit la construction de l'Académie de Musique qui a été incontestablement notre théâtre select pendant longtemps. [...].
>
> [Elle] a reçu la visite d'un si grand nombre de célébrités qu'il me serait impossible de toutes les nommer[11].

Effectivement, d'Adelina Patti à Sarah Bernhardt, de Henry Irving à James O'Neill, toutes les étoiles d'Europe et d'Amérique passèrent sur la scène de l'Académie. Mais avant d'en arriver là, l'Académie dut livrer une concurrence féroce au Royal qui pouvait compter sur un public fidèle et nombreux. De fait, la guerre suicidaire à laquelle se livrèrent les deux établissements dura près de dix ans. À une époque où on se souciait peu des études de marché, où la notion de public consommateur était encore bien mal définie, les principales initiatives commerciales reposaient sur l'intuition des promoteurs et l'empirisme.

---

11. Édouard-Zotique Massicotte, «les Théâtres et les lieux d'amusements à Montréal au XIXe siècle, *l'Annuaire théâtral*, 1908-1909, p. 94.

À ses débuts, l'Académie tenta de gagner les faveurs du public du Royal en lui offrant les mêmes spectacles. Mais l'Académie disposait d'un avantage considérable sur son rival. Elle pouvait recevoir 500 spectateurs de plus que lui (2 000 au lieu de 1 500). Pour des productions ordinaires, cela présentait peu d'intérêt, mais dans le cas de productions prestigieuses, mettant en scène des vedettes internationales, ces 500 spectateurs supplémentaires augmentaient sensiblement la capacité de payer de l'établissement. C'est ainsi que l'Académie parvint graduellement à attirer toutes les célébrités passant par Montréal. Mais cela n'assurait pas son avenir pour autant. Car la capacité de la salle constituait une arme à double tranchant. Si Sarah Bernhardt, Mounet-Sully, Henry Irving et Emma Albani faisaient systématiquement salle comble, d'autres productions, moins prestigieuses, s'avéraient déficitaires. Ainsi, en raison du nombre restreint et du caractère exceptionnel des tournées de prestige, l'Académie ne remplissait pas suffisamment sa salle et, parce qu'il ne pouvait pas bénéficier de ces tournées fort lucratives que lui avait ravies sa rivale, le Théâtre Royal ne disposait plus des ressources nécessaires à sa modernisation. L'un et l'autre s'orientaient vers la faillite. Le marché théâtral montréalais, malgré son dynamisme, ne pouvait pas se permettre un tel dédoublement. On comprend, dans ce contexte, l'intérêt suscité par le vaudeville américain.

John Sparrow, le propriétaire du Royal, en saisit immédiatement tous les avantages. Il alla trouver Henry Jacobs sous son chapiteau de la rue Université et lui proposa un contrat d'association. Jacobs accepta et obtint la copropriété du Théâtre Royal de la rue Côté qui devint ainsi, dès septembre 1883, le premier *One Dime Theatre* et *The Only Family Theatre* du Canada. Le Royal s'imposa comme scène attitrée du vaudeville américain, pour un temps. Cette spécialisation de l'établissement le sauva de la faillite et servit également les intérêts de l'Académie qui, délestée d'un concurrent coriace, put devenir «le théâtre select» dont parlait Massicotte. La «drôle de paix» dura jusqu'en 1890. Entretemps, Sparrow et Jacobs, qui avaient bien compris l'attrait qu'exerçait le vaudeville auprès des masses, avaient décidé de constituer une chaîne d'établissements spécialisés dans le genre. C'était la meilleure façon, en effet, de rentabiliser l'investissement que nécessitaient les troupes de tournées. Sparrow et Jacobs firent donc l'acquisition d'une douzaine de salles dans le nord-est américain, autour du lac Ontario et à Québec, où ils louèrent la Salle Jacques-Cartier. Cette chaîne s'égrenait le long des voies ferrées qui reliaient New York à Détroit, Toronto et Québec.

L'initiative des deux associés porta fruit jusqu'au moment où ils décidèrent de se lancer dans la production de spectacles. Mal leur en prit. Si les New-Yorkais toléraient la constitution de chaînes régionales de théâtres, ils considéraient la production des spectacles comme leur chasse gardée. Il faut dire qu'une certaine anarchie régnait dans les affaires théâtrales nord-américaines, qui nuisait à leur rentabilité. Ce n'est donc pas un hasard si, au début de 1890, un groupe de producteurs et promoteurs new-yorkais dirigé par Klaw et Erlenger décida de mettre de l'ordre dans le monde du théâtre.

Le *Trust* au Québec: un bilan ambigu

En 1890, ce qui allait devenir le plus puissant (quasi) monopole de toute l'histoire de l'industrie du loisir et de la culture aux États-Unis, le fameux *Trust*[12], n'était donc qu'une association tactique entre quelques puissants producteurs new-yorkais et divers directeurs de petites chaînes régionales exaspérés par la situation théâtrale. À cette époque, les promoteurs régionaux (gérants, directeurs de chaînes, etc.) avaient coutume de se précipiter à New York à chaque printemps afin d'y préparer leur saison à venir. Mais la méfiance régnait tant chez les producteurs, qui n'avaient aucune garantie d'être effectivement payés, que chez les directeurs locaux, qui ne savaient pas si la production qu'ils achetaient serait effectivement menée à terme. Le résultat de cela fit

---

12. Le *Trust*, encore appelé *Syndicate*, ne fut effectivement constitué qu'en 1896, mais la tendance à la monopolisation date du milieu de la décennie précédente.

que s'instaura un système ruineux de double réservation. Le producteur garantissait son spectacle à deux théâtres en même temps pour s'assurer qu'il soit au moins joué dans l'un d'entre eux. Quant aux directeurs régionaux, ils engageaient deux troupes pour la même date, fermant leur scène à celle qui se présentait la dernière.

À ces pratiques peu orthodoxes s'ajoutaient les aléas des moyens de transports, les subites dissolutions de troupes, les désertions des vedettes, etc. L'apparition d'un groupe puissant, décidé à mettre un terme à ce désordre, ne pouvait que servir la cause théâtrale. Effectivement, en l'espace de quelques mois, le groupe rétablit la situation. Pour y parvenir aussi vite, il usa évidemment de moyens de persuasion extrêmement puissants. Il imposa d'abord son autorité à l'ensemble des producteurs, de sorte que tous les directeurs régionaux durent se soumettre à ses exigences pour boucler leur programmation. Dans le cas où un directeur se montrait rétif, le monopole naissant refusait de lui procurer le moindre spectacle. Le réfractaire en était alors quitte pour faire affaires avec quelques sombres producteurs autonomes ou à constituer sa propre troupe. Mais en 1890, l'existence d'une troupe locale n'était pas viable en Amérique du Nord, du moins chez les anglophones.

C'est dans ce contexte difficile que Sparrow et Jacobs décidèrent de produire leurs propres spectacles. Pour le groupe new-yorkais, l'entreprise n'avait rien de bien menaçant à court terme, mais il ne voulait pas prendre de risques. Aussi, il fut convenu de mettre au pas les deux promoteurs audacieux. Après quelques escarmouches, Sparrow et Jacobs baissèrent les armes et se plièrent aux exigences du *Trust*. Ils durent mettre fin à leur association. La partie américaine de la chaîne échut à Jacobs, tandis que Sparrow en conserva les intérêts canadiens. Cette dissolution permettait au *Trust* d'intégrer le Québec à son empire. Sparrow devint en effet le principal représentant et défenseur de l'organisation new-yorkaise au Québec et en Ontario. Il mit dans cette nouvelle entreprise le même zèle qui l'avait animé au début du vaudeville. À partir de 1892, tous les établissements montréalais et québécois de quelque importance passèrent progressivement sous le contrôle du groupe new-yorkais. La première de ses victimes fut, bien sûr, l'Académie qui devint propriété américaine en 1896.

La naissance du *Trust* causa d'autres chambardements. Quelques promoteurs indépendants, généralement d'anciens *actors-managers*, sachant qu'ils n'avaient plus de place dans les projets du groupe, essayèrent de s'installer, ici et là, à leur propre compte. Instituant des troupes permanentes locales, ils tentèrent, sans succès, de concurrencer les troupes de tournées du *Trust*. C'est une telle initiative qui valut à Montréal la construction du célèbre Théâtre Français (français de nom seulement), rue Sainte-Catherine, près de Saint-Laurent (site aujourd'hui de la discothèque Metropolis). Ce vaste théâtre de 2 500 places ne connut son heure de gloire éphémère qu'en 1905, lors de la venue de Sarah Bernhardt. Précédemment, il avait été de faillite en faillite avant d'être finalement acquis par... le *Trust*.

Il est indéniable que l'avènement du *Trust* comporta beaucoup d'avantages pour les Québécois et, surtout, pour les Montréalais. Le *Trust* assurait la régularité des spectacles — un nouveau à chaque semaine — et, surtout, il mettait Montréal sur le circuit des grandes tournées. Ce faisant, il permettait aux Montréalais d'applaudir avec quelques semaines de décalage seulement les grands succès de Broadway. Montréal n'accusait donc aucun retard dans ce domaine. Elle n'avait rien à envier aux autres grandes villes d'Amérique du Nord. Elle vivait au rythme et à l'heure new-yorkaises. Et les progrès scénographiques et techniques qui bouleversèrent la scène nord-américaine à la fin du XIXe siècle affectèrent immédiatement Montréal. L'éclairage électrique apparut progressivement sur toutes les scènes locales au cours de la dernière décennie du siècle. Sous ce rapport non plus, Montréal n'accusait pas de retard.

Mais la domination du *Trust* n'eut pas que des effets positifs. Elle accrut la centralisation des affaires théâtrales dans la métropole américaine et ne tint aucun compte des disparités régionales. Seuls prévalaient, dans toutes ses décisions, les critères de rentabilité financière immédiate. On comprend, dès lors, que les tournées de vedettes françaises en Amérique du Nord devinrent de moins en moins fréquentes, non pas qu'elles s'avérèrent moins rentables, mais d'autres types de spectacles — les comédies musicales, les opéras comiques de Gilbert et Sullivan — rapportaient davantage, et à moindre risque. L'insensibilité du *Trust* aux susceptibilités régionales eut d'autres répercussions. Au cours de la grande rationalisation des affaires théâtrales que l'organisme entreprit dès 1896, il convint de constituer trois circuits parallèles. Un circuit populaire (farces, mélodrames), un circuit intermédiaire (drames romantiques, comédies, comédies musicales), un circuit supérieur (drames et comédies classiques et romantiques, opéras, tragédies). Or, pour de strictes raisons financières, le *Trust* décréta que Montréal ne serait pas inscrite au circuit supérieur. C'était là une grave insulte à la bourgeoisie de la ville qui avait déjà une forte tradition théâtrale. Comme le *Trust* refusa de revenir sur sa décision, des Canadiens anglais décidèrent, avec l'appui des autorités municipales, de construire un théâtre prestigieux, indépendant du *Trust*, qui irait recruter ses productions auprès des quelques producteurs indépendants qui survivaient — il y en a toujours eu — ou directement en Europe. À l'axe Montréal-New York, ils souhaitaient substituer l'axe Montréal-Londres. C'était illusoire. Quoi qu'il en soit, le projet fut promptement mené de sorte que le 7 novembre 1898, le Her Majesty's Theatre était inauguré par «l'auditoire le plus sélect et le plus distingué que notre société montréalaise puisse fournir»[13]. Cette «société» avait de quoi pavaner! Le théâtre, situé au coin des rues Guy et Sainte-Catherine, était le plus beau et le plus moderne de la ville. Il comptait près de 2 000 places confortables et avait été entièrement conçu par des Canadiens.

Le maire Préfontaine, qui avait investi dans le projet comme nombre de ses concitoyens, exprimait bien le sentiment de contentement général lors de son allocution inaugurale. Elle vaut la peine d'être citée.

> Ce temple [...] fait honneur à l'esprit d'entreprise de nos concitoyens: c'est un monument dont nous devons être fiers car il témoigne non seulement de nos progrès matériels, mais aussi du développement des arts et de la culture intellectuelle. Les Athéniens avaient raison de se montrer orgeilleux de

---

13. *La Patrie*, 8 novembre 1898, p. 4.

leurs théâtres qui étaient une preuve de leur supériorité dans les arts. Soyons fiers de ce nouveau théâtre et du nom qu'on lui a donné[14].

L'inauguration du très chic Her Majesty's est à inscrire dans les annales car c'est la première fois que les Canadiens anglais manifestèrent un quelconque souci d'autonomie, voire d'identité culturelle (à l'égard des Américains). Bien entendu, l'épisode du Her Majesty's connut un dénouement prévisible. Après avoir végété pendant deux saisons, faute de productions valables et régulières, il passa sous le contrôle du *Trust*. Mais l'effort n'avait pas été vain. Le Her Majesty's devait prendre la relève de la prestigieuse Académie qui venait d'achever sa vénérable carrière. Montréal avait donc son *First Class Theatre*. Et tout rentra dans l'ordre, du moins chez les anglophones.

Chez les francophones, les données étaient toutes autres. Nécessairement tributaires du *Trust*, les Canadiens français souffraient de la même incompréhension que leurs concitoyens de langue anglaise. Leurs velléités linguistiques — le désir d'avoir plus de spectacles en français — préoccupaient peu les magnats de New York. De guerre lasse, et convaincus que rien n'ébranlerait l'indifférence du monopole, des hommes d'affaires locaux décidèrent de s'associer avec des collègues de la Nouvelle-Orléans qui, depuis quelques années, avaient installé une troupe d'opérette dans leur ville. C'est ainsi que de 1893 à 1896, Montréal eut une troupe locale d'opérettes, qui évidemment chantait en français, et qui, à quelques reprises, réussit à remplir la vaste salle du Théâtre Français où elle avait trouvé asile. Le Théâtre Français, à cette époque, était encore contrôlé par un propriétaire indépendant.

La carrière de la Troupe de l'Opéra français, ainsi qu'on l'appelait, ne fut ni terne, ni brillante; mais elle connut une fin abrupte causée, principalement, par la mauvaise gestion de ses administrateurs montréalais. L'expérience s'avéra pourtant encourageante. Deux ans après cet échec, les premiers théâtres francophones professionnels ouvraient leurs portes. L'«Âge d'Or» s'amorçait.

---

14. *Ibid*.

La naissance du théâtre francophone:
combler un vide

Le *Trust* ne réagit pas à la constitution de la Troupe de l'Opéra français, pas plus qu'il ne chercha à miner le succès de la troupe de la Nouvelle-Orléans. Cette relative indifférence s'explique sans doute par sa mauvaise compréhension de la réalité francophone en Amérique du Nord. Il sous-estima systématiquement l'importance quantitative du public canadien-français, ce que n'avaient jamais fait les directeurs locaux, et il ne croyait pas que les Canadiens français puissent devenir autonomes en matière de théâtre.

D'une certaine façon, c'est donc le *Trust* qui favorisa l'éclosion du théâtre francophone ici, en développant des habitudes de théâtre et même le goût du théâtre chez les Canadiens français qui, rappelons-le, fréquentaient régulièrement et en grand nombre les scènes anglaises de Montréal et de Québec. Mais c'est aussi le *Trust* qui, en refusant de donner plus de spectacles français à ce public, encouragea des initiatives locales qui finirent par réussir.

Chez les Canadiens français, l'avènement de ce qui allait devenir le *Trust* ne fit, bien sûr, qu'attiser un sentiment de frustration fort compréhensible. Mais il y avait davantage. La fréquentation grandissante des théâtres anglais par des francophones mettait en péril l'autorité morale du clergé catholique et des principales personnalités politiques du Québec. En même temps, elle favorisait l'assimilation des Canadiens français. La menace était donc réelle et appelait une réaction concertée. Il fallait absolument détourner les spectateurs francophones des scènes anglaises où ils perdaient «leur âme et leur langue».

Les autorités cléricales n'étaient pas absolument et farouchement opposées au théâtre. Elles l'étaient d'autant moins qu'elles se savaient impuissantes à en interdire la fréquentation. Elles auraient préféré, bien entendu, exercer sur toutes les activités théâtrales le même contrôle sévère qu'elles imposaient au théâtre scolaire — des garçons et des filles — mais elles connaissaient les limites de leur pouvoir et l'attrait populaire de l'art dramatique. Aussi répondirent-elles favorablement à une demande de la

Société Saint-Jean-Baptiste qui, en 1898, leur demandait d'avaliser et de soutenir la fondation des célèbres «Soirées de famille».

Le fait vaut d'être souligné à deux égards. Il éclaire d'un jour nouveau le rapport de l'Église au théâtre et il témoigne du dynamisme des Canadiens français en matière théâtrale.

Le théâtre et le clergé

Il n'est pas dans notre propos de reprendre les principaux accrochages et conflits qui opposèrent les autorités diocésaines de Montréal, Trois-Rivières et Québec aux agents de théâtre. Jean Laflamme et Rémi Tourangeau en ont rendu compte dans un ouvrage clair et définitif[15]. Mais nous croyons nécessaire de rappeler que, jusqu'à la fin de l'épiscopat de Monseigneur Bruchési, les autorités religieuses n'ont jamais eu à l'égard du théâtre l'attitude résolument hostile que leur prête une rumeur tenace. Ce sont, ne l'oublions pas, des clercs qui animaient la plupart des scènes amateures et scolaires de la province, d'où émergèrent les premiers artistes professionnels du pays. Quant aux évêques et archevêques montréalais, s'ils émirent de nombreux avis sur le théâtre, ceux-ci étaient circonstanciés et demeuraient le plus souvent de simples recommandations. Même lors de la première visite de Sarah Bernhardt, l'évêque s'abstint d'interdire la fréquentation du théâtre. Il se contenta de souhaiter que les catholiques s'abstiendraient de s'y rendre. Par la suite, lorsque des Canadiens français commencèrent à entreprendre des carrières professionnelles, les autorités cléricales les appuyèrent tacitement. On peut prétexter qu'en agissant ainsi, elles choisirent le moindre mal. C'est possible, mais cela servit la cause des artistes locaux. Qui s'en plaindrait?

---

15. Jean Laflamme et Rémi Tourangeau, *op. cit.*

En 1898, de toute façon, le danger était aux portes. Le pays subissait une terrible hémorragie démographique — vers les États-Unis — et le risque d'assimilation à moyen terme était très réel. Il n'était plus temps de tergiverser. Toutes les forces vives de la société canadienne-française se rallièrent donc au projet des «Soirées de famille» parrainé par la Société Saint-Jean-Baptiste de Montréal, projet qui avait une forte connotation patriotique.

Les «Soirées de famille»: l'échec nécessaire

Au départ, ce projet s'inscrivait dans un autre projet beaucoup plus vaste et beaucoup plus ancien, celui de l'œuvre du Monument National. Afin de développer l'instruction des masses francophones, la Société avait conçu de fonder un centre d'éducation populaire, le Monumement National. Après bien des difficultés, le Centre ouvrit finalement ses portes. Il était (et est encore) situé rue Saint-Laurent, juste au nord de l'actuel boulevard René-Lévesque. Outre des salles de classe et de réunions, le Monument contenait une imposante salle d'assemblée qui pouvait également, grâce à sa vaste scène, accueillir des spectales dramatiques. C'est ainsi que germa, dans l'esprit d'Elzéar Roy, l'idée d'ouvrir un cours d'élocution dont l'atelier pratique consisterait en exercices théâtraux. De l'exercice théâtral à la mise sur pied d'une troupe régulière, il n'y avait qu'un pas que Roy franchit allégrement avec l'appui du clergé et des responsables de la Société.

C'est donc le 30 septembre 1898 qu'étaient fondées «les Soirées de famille» et que débutait le cours d'élocution. *La Patrie*, comme tous les autres journaux, accueillit la nouvelle avec enthousiasme.

> Ce projet [...] donnera lieu à une série de 25 leçons par les maîtres de la parole. Nos jeunes orateurs [et oratrices] auront donc là une occasion rare de compléter leur instruction dans l'art [...] si négligé et si difficile de bien dire[16].

16. *La Patrie*, 9 juillet 1898, p. 3.

Elzéar Roy consacra les trois années suivantes à animer ces «Soirées» qui furent «à la fois une récompense pour les élèves [des deux sexes] et une aubaine pour les spectateurs pour suivre avec intérêt le succès des jeunes acteurs et jouir d'un bon spectacle français[17]».

Le bilan des «Soirées de famille» fut en effet remarquable. Cette troupe étonne par sa stabilité et son dynamisme. Constituée de 26 membres réguliers, dont Juliette Béliveau, la troupe pouvait compter sur l'aide de 30 autres comédiens occasionnels et sur autant de chanteurs et chanteuses. Mais ce qui surprend davantage encore, c'est son rythme de production. Au cours de chacune de ses trois saisons d'activité, la troupe des «Soirées» donna de 30 à 35 spectacles, ce qui, en tenant compte des reprises, correspondait à 20 productions nouvelles par année. C'était énorme et il n'est pas surprenant qu'à l'issue de la saison 1900-1901, Elzéar Roy décida de se retirer, mettant ainsi un terme à l'entreprise.

L'apport des «Soirées de famille» est cependant difficile à établir. Son bilan quantitatif — nombre de productions, de spectacles, de membres — est impressionnant, mais des 74 pièces créées par la troupe, il n'y en a qu'une qui fut québécoise. On s'étonne également que la troupe n'ait pas suscité davantage de vocations plus nombreuses. À l'exception de Juliette Béliveau, aucun de ses membres n'entreprit de longue carrière professionnelle. On peut aussi reprocher aux «Soirées» de s'en être tenues à des pièces et des genres trop connus. Malgré les tentatives de renouvellement du répertoire entreprises par Roy, principalement au cours de la dernière saison, on constate que les pièces jouées par les «Soirées» n'étaient guère différentes de celles présentées par les autres cercles amateurs de la ville. Mais s'il est un domaine où les «Soirées» échouèrent, c'est bien dans leur rayonnement. D'abord conçues pour détourner les masses francophones des théâtres populaires anglais, les «Soirées», comme tout le Monument National du reste, devinrent l'apanage exclusif de la petite bourgeoisie canadienne-française et en restèrent là. Le peuple les bouda. Mais

17. Germain Beaulieu, «Soirées de famille», *l'Annuaire théâtral*, 1908-1909 p.59-60.

il y a pire encore. Même les bourgeois qui assistaient aux représentations ne cessèrent pas pour autant de fréquenter les théâtres anglais. Sous ce rapport, les «Soirées» s'avérèrent donc parfaitement inefficaces. Mais le mouvement était lancé.

Les premiers établissements professionnels francophones

Les «Soirées de famille» eurent cependant valeur de symbole. Tout le monde, à l'époque, comprit bien l'esprit qui les animait et le sens profond du consensus historique qui présida à leur création. Le «mal», c'était l'assimilation et tout ce qui pouvait la ralentir était «bon» ou acceptable. Les «Soirées» servirent de déclencheur.

Antoine Bailly (dit Godeau), un immigrant français qui avait une formation d'ingénieur et qui avait joué quelques rôles amateurs en France, donnait des cours de mécanique au Monument National. Il se lia d'amitié avec un autre Français, Léon Petitjean[18]. Petitjean était comédien. Il avait dirigé plusieurs productions amateures et, comme beaucoup d'artistes français résidant à Montréal, il donnait surtout des cours de diction. Au fil des années s'était en effet constituée une petite colonie artistique, majoritairement composée de Français et de Belges, qui gravitait autour du Parc Sohmer l'été et des troupes amateures l'hiver.

La création des «Soirées» ouvrait cependant de nouvelles perspectives. Petitjean et Godeau crurent le moment propice à la fondation d'un premier théâtre professionnel constitué d'artistes locaux, européens et canadiens. Le Théâtre des Variétés ouvrit ainsi ses portes le 21 novembre 1898. Il était situé au deuxième étage d'un magasin, sur Sainte-Catherine, près de la rue Papineau. Pour donner une idée de la modestie de l'entreprise, disons

---

18. Léon Petitjean est co-auteur d'*Aurore l'enfant martyre*.

seulement que la construction du *Her Majesty's* s'était élévée à 100 000 $, alors que l'aménagement de ce deuxième étage obscur n'avait coûté que 4 000 $!

Le Théâtre des Variétés, malgré les efforts déployés par sa troupe plutôt médiocre et la sympathie que lui témoignait le public, ne parvint pas à percer. Une partie des comédiens, dirigés par le Québécois Julien Daoust, décida donc de se constituer en troupe rivale. Ils prirent possession d'une salle beaucoup plus vaste qu'ils baptisèrent Théâtre de la Renaissance. Les deux troupes végétèrent durant quelques mois.

L'intermède des cafés-concerts

Pendant ce temps, un nouveau genre d'établissements apparaissait à Montréal: le café-concert. Directement importée de Paris, la formule séduisit le public local. Dans une salle confortable, assis à des tables, les spectateurs assistaient dans ces petits établissements à des opérettes légères ou à des tours de chants. L'avantage du café-concert est qu'il permettait aux spectateurs de consommer des boissons alcooliques durant le spectacle. Le premier café-concert fut inauguré le 16 mars 1899. L'El Dorado était situé rue Sainte-Catherine, tout près de la rue Cadieux. Sa salle d'une capacité de 500 places était remplie tous les soirs. L'El Dorado fit école. En l'espace de quelques mois, plus d'une dizaine de cafés-concerts apparurent ici et là dans la ville. Les affaires étaient si bonnes que des hommes d'affaires canadiens-français entreprirent de créer des cafés-concerts pour les anglophones. Mais ces nouveaux établissements n'avaient des cafés-concerts que le nom. En fait, ils s'apparentaient beaucoup plus aux célèbres *Museums* et *Variety Theatres* qui avaient fait scandale en 1885 qu'à l'El Dorado. La consommation d'alcool aidant, ces cafés-concerts anglais devinrent rapidement des lieux de «débauche». Aussi, par un geste sans précédent dans nos annales, la ville de Montréal ordonna l'abolition de tous les cafés-concerts le 27 mai 1901. Les cafés-concerts véritables — les cafés français — qui ne firent jamais l'objet de la moindre plainte durent fermer également. C'était injuste mais la ville n'entendait pas être accusée de discrimination par les Montréalais de souche anglaise ou irlandaise. Elle ne s'embarrassa pas de nuances.

Si les cafés-concerts anglais présentent peu d'intérêt, les établissements francophones, au contraire, ont largement contribué à l'essor du théâtre local. C'est dans un café-concert, en l'occurrence à l'El Dorado, que fut produite la première revue locale. Il s'agit de *l'Oncle du Klondyke*, une petite revue due à Alfred Durantel et créée le 31 mars 1899.

L'œuvre, «à couplets», tint l'affiche durant trois semaines consécutives, ce qui représentait un exploit. L'enthousiasme des Montréalais et des Québécois en général était parfaitement compréhensible. Qu'on en juge!

> Au lieu d'entendre parler constamment d'un vicomte millionnaire ou d'un baron décavé, nous sommes en présence de Télesphore Pigeonneau, un dur à cuire qu'a [*sic*] du poil aux pattes, de la gaieté au cœur et du courage au ventre. Au lieu de parcourir les grands boulevards parisiens, il est question de la Côte-Saint-Lambert ou de la Place Jacques-Cartier; au lieu d'entendre citer Brébant, ou Bignon, ou le café des Variétés de Paris, on entend parler de Jos Riendeau, et cela sonne bien à nos oreilles attentives[19].

La revue était promise à un grand avenir!

Le théâtre National ou les grands débuts

Les deux dernières années du XIXe siècle furent parmi les plus tumultueuses de notre histoire théâtrale mais ne laissèrent rien de durable. Toutes les tentatives entreprises durant cette

---

19. Sylvio, «Chronique de la quinzaine», *le Passe-Temps*, vol. 5, no 105, 1er avril 1899, p. 66.

brève période tournèrent court faute de moyens, faute d'organisation surtout. Mais elles eurent pour effet de stimuler la colonie artistique qui savait désormais pouvoir vivre du théâtre. Les choses prirent donc une nouvelle tournure quand, à la suite de Julien Daoust — et de ses associés Albert Sincennes et Euclide Racette —, Georges Gauvreau, un restaurateur montréalais, décida de se lancer dans l'aventure du National.

C'est Julien Daoust qui, selon toute vraisemblance, conçut ce projet ambitieux. Il voulait créer à Montréal un théâtre national où auteurs et interprètes locaux, surtout canadiens-français, pourraient vivre de leur art. C'est dans cet esprit qu'il fit construire le Théâtre National en 1900. L'événement est à retenir puisqu'il s'agit de la première construction d'un théâtre français à Montréal. Au préalable, les entrepreneurs et directeurs locaux s'étaient contentés de recycler des salles préexistantes.

Le Théâtre National était situé dans la partie est de la ville, rue Sainte-Catherine, à l'endroit occupé aujourd'hui par le Cinéma du Village. La salle et la scène, relativement modestes au début, furent progressivement agrandies de sorte que, en 1902, le théâtre pouvait accueillir 1500 spectateurs assis. C'était autant que le Théâtre Royal. Quant à sa scène, elle bénéficia, grâce au talent d'Ernest Ouimet — qui fonda le Ouimetoscope — des dernières découvertes techniques.

Ce que ne réussirent à faire ni les «Soirées de famille», ni les autres établissements éphémères de l'époque, le Théâtre National le réalisa avec éclat et fulgurance. Il parvint à puiser dans la clientèle francophone des théâtres anglais et sut se l'attacher. Son succès prit de court le *Trust* qui, jusqu'à ce moment, n'avait guère eu à s'inquiéter des entrepreneurs locaux, et pour cause.

On ne sait trop à qui attribuer le succès du National. Gauvreau était un homme d'affaires intuitif et sensible. Mais il n'avait aucun talent artistique. Il décida donc d'engager, à titre de vedette et de directeur de scène, un jeune Français qui menait aux États-Unis une carrière honnête, mais sans plus. Paul Cazeneuve devenait donc l'*actor-manager* du National dont il enrichit peu à peu la troupe — héritée de Julien Daoust — d'artistes engagés expressément en France et en Belgique. La troupe du National, comme toutes les troupes locales, adopta dès ses débuts la formule qui prévalait aux États-Unis avant l'ère des tournées. C'est sans doute à leur trop grande rigidité — distribution selon les emplois, présence écrasante de l'*actor-manager* — et à leur rythme effarant de productions et de présentations — une production nouvelle et huit représentations par semaine — qu'il faut attribuer la relative imperméabilité de ces troupes aux innovations d'Antoine, d'Appia et des autres metteurs en scène européens de l'époque. Paul Cazeneuve ne les ignorait sûrement pas, mais il avait appris le métier en Amérique et avait adopté les méthodes et les valeurs de Broadway. Il savait comment captiver le public et connaissait ses goûts.

La nomination de Cazeneuve à la tête du National fut sans doute l'une des plus sages décisions de Gauvreau. Pour attirer le public du *Queen's*, du *Her Majesty's* ou du Français, que pouvait-on souhaiter de mieux? Sans attendre, Cazeneuve se mit à l'œuvre. Puisque les gens aimaient le théâtre américain, pourquoi ne pas leur donner du théâtre américain dans leur langue? C'est ainsi que se succédèrent, à l'affiche du National, les grands succès de Broadway dans une mise en scène très proche de l'originale, mais joués en français. La réponse du public fut enthousiaste.

De la voie américaine à la création québécoise

Cazeneuve, à ses débuts, se contenta donc de traduire — et de faire traduire — les textes américains. Mais la situation donnait lieu à un curieux paradoxe. Le théâtre américain d'alors n'avait pas vraiment d'écrivains populaires et était tributaire de Londres et, surtout, de Paris. Il arriva ainsi fréquemment que les plus grands succès new-yorkais fussent des adaptations américaines de pièces acclamées à Paris. C'est comme cela qu'on eut droit à Montréal à la traduction montréalaise de l'adaptation américaine des *Trois Mousquetaires*, du *Comte de Monte Cristo*, des *Pauvres de Paris*, etc.

Avec le recul, le succès du National et les échecs des entreprises antérieures, y compris celui des «Soirées de famille», s'expliquent aisément. Le public canadien-français, formé de longue date à l'esthétique américaine, avait développé un goût américain et était peu préparé, donc peu réceptif, aux productions des «Soirées» ou des autres petits théâtres qui, outre leur piètre qualité, relevaient d'une esthétique française à laquelle il était peu sensible.

La réussite de Cazeneuve aurait relevé de l'anecdote si elle n'avait eu d'autres effets, plus profonds encore. Cazeneuve, qui contrôlait parfaitement la préparation de ses spectacles, fit largement appel à des talents locaux pour traduire et adapter les textes qu'il entendait produire. De cette façon, il mit un certain nombre de jeunes auteurs au contact intime d'œuvres à succès. Cela porta fruit. Dès 1903, Cazeneuve ouvrit sa scène aux créations locales dont certaines remportèrent de véritables triomphes. Celles-ci, justement, relevaient de l'école américaine: bien charpentées, mouvementées, menées par un héros supérieur, beau et sympathique, elles comportaient bien entendu une intrigue amoureuse, des scènes de combat, des explosions, des naufrages, etc. Cazeneuve lança ainsi ce qui, dans notre histoire dramaturgique, pourrait être qualifié de «voie américaine». C'est Louis Guyon qui, de loin, domina cette glorieuse période.

Avant l'ouverture du National, Guyon avait écrit quelques pièces obscures, plus françaises que nature: *Luigi l'empoisonneur*, *Tony l'espion*, *le Secret du Rocher noir*. Sous l'influence de Cazeneuve, il délaissa ce style et se lança dans des productions dignes de Broadway. Le 26 octobre 1903, le National créait son *Montferrand*. Ce fut un succès colossal. La pièce tint l'affiche trois semaines consécutives et donna lieu à trois reprises. La critique, pourtant très (trop?) francophile, tomba elle aussi sous le charme de ce spectacle saisissant.

> Quand on sait nous amuser, nous abandonnons facilement les théories classiques et romantiques; alors, nous sommes purement et simplement canadiens et nous applaudissons *Montferrand*[20].

---

20. Anonyme «Nos théâtres», *La Patrie*, 24 octobre 1903, p. 5.

Mais la «voie américaine» ne pouvait être que transitoire. Les artistes et les auteurs locaux la savaient trop coûteuse et trop exigeante. À moyen terme, elle était suicidaire. Car, il faut se le rappeler, le National, comme tous ses prédécesseurs, devait adopter le rythme de production des théâtres anglais pour les concurrencer efficacement. Ainsi que nous le signalions, il devait donc produire un nouveau spectacle par semaine à raison de quarante semaines par année. C'était beaucoup exiger d'une troupe somme toute assez modeste.

De plus, un nouveau courant apparaissait au sein du public, courant animé par la critique (francophile). C'est Louis-Honoré Fréchette, encore lui, qui en fut le champion ou, du moins, qui le remit à l'honneur. Sa pièce *Véronica*, qui n'a vraiment rien de québécois, marqua le renouveau passager de l'influence française. Mais les principaux artistes professionnels du Québec avaient fort bien compris que, pour survivre, ils devaient trouver une voie originale — une identité propre — qui leur éviterait d'avoir à subir à la fois la concurrence du théâtre américain, dont ils cherchaient à se libérer, et du théâtre français, dont ils refusaient d'être le banal sous-produit.

Cette véritable quête pour la survie donna naissance à deux genres qui, faute d'être absolument originaux, n'en furent pas moins des adaptations parfaitement réussies.

Des drames religieux à la revue: l'Âge d'or

C'est Julien Daoust, qu'on peut sans risque considérer comme le plus important — et le plus complet — des artistes québécois de l'époque, qui créa les premiers drames religieux.

Daoust n'en était pas à sa première audace. Il avait déjà monté une superproduction de *Cyrano de Bergerac* en 1898 sur la scène du Monument National et avait été de toutes les entreprises théâtrales importantes. Il était l'un des fondateurs du National et croyait avec force que les artistes canadiens-français, auteurs et

interprètes, devaient avoir des scènes à eux, des scènes nationales...

Il faut dire qu'au début du XXe siècle, alors que le théâtre
francophone émergeait enfin, les artistes européens, de passage ou
installés ici, occupaient une place sans cesse croissante dans toutes
les sphères de l'activité dramatique, reléguant les Canadiens
français à des fonctions et des rôles subalternes, ou les repoussant
vers des salles périphériques et secondaires. Julien Daoust qui,
avec Jean-Paul Filion, Joseph-Serguis Archambault (dit Palmieri),
Blanche de la Sablonnière et Elzéar Hamel, avait appartenu à la
première génération d'artistes québécois professionnels, voyait cet
envahissement d'un très mauvais œil. Il y réagit à sa façon, en
constituant sa propre troupe et en créant des œuvres d'ici. La première de celles-ci fut la célèbre *Passion*.

Cette *Passion*, écrite par Germain Beaulieu, fut créée le 23
mars 1902 au Monument National. Digne des pièces américaines
à grand déploiement, elle n'était pas loin des grands succès de
Broadway par sa magnificence et son intensité mélodramatique.
L'œuvre dut cependant être retirée de l'affiche, après avoir toutefois épuisé son public potentiel. Le fait vaut d'être mentionné. *La
Passion* fut interdite par l'archevêque de Montréal comme elle le
fut à New York et à Paris, parce que le personnage du Christ y
était représenté (incarné par Daoust). Mais à Montréal, l'archevêque prit soin de ne pas nuire à l'entreprise.

> Des engagements onéreux les liaient [Daoust et Beaulieu]
> pour un temps déterminé, l'élan était donné. Par prudence
> et par charité, nous avons dû tolérer[21].

En réalité, l'interdit survint après que Daoust eût décidé de
retirer l'œuvre de l'affiche.

La Passion attira près de 35 000 spectateurs en trois semaines.
C'était un record sans précédent à Montréal. Fort de ce succès, et
attentif aux susceptibilités cléricales, Daoust entreprit de répéter

---

21. Paul Bruchési, «Communication officielle», *La Patrie*, 7 avril 1902, p. 1.

l'expérience annuellement au cours de la période pascale, créant lui-même, pour l'occasion, des drames religieux à grands effets d'où était évidemment exclu le personnage de Jésus Christ. On peut citer, parmi ceux-là, *le Triomphe de la Croix, Pour le Christ, le Défenseur de la foi, le Rédempteur*. Le genre connut une forte vogue pendant quelques années et fut largement repris dans tous les cercles amateurs. Mais, encore une fois, le public montra quelques signes de lassitude. À nouveau, les créateurs eurent à innover. Pour Daoust, la voie était tracée. Ses drames religieux, édifiants, naïfs et émouvants, lui avaient fait découvrir ce qui allait devenir le mélodrame populaire québécois, dont *Aurore l'enfant martyre* (de Léon Petitjean et Henri Rollin) et *le Chemin des larmes* (de Daoust) demeurent les exemples les plus accomplis. Mais en même temps, Daoust s'ouvrit à un autre genre, grâce à Cazeneuve.

En 1908, Cazeneuve, qui était revenu à la direction du National après un intermède à l'Auditorium de Québec et au Théâtre Français de Montréal, avait à redresser une situation difficile. Au fil des années, le Théâtre National avait perdu de sa popularité et glissait vers le déclin. Cazeneuve jugea avec raison que la cause de cet état de fait résidait dans l'usure du répertoire et le manque d'audace des directeurs artistiques qui lui avaient succédé. Se souvenant des brillants mais trop brefs succès des revues du début du siècle, Cazeneuve confia à trois de ses collaborateurs, Ernest Tremblay (journaliste), Léon May (chansonnier français attaché au Parc Sohmer) et Gaston Dumestre (premier comique de la troupe du National) la préparation d'une revue d'actualité de fin d'année. Tel était d'ailleurs, à l'origine, le propre de la revue. Les trois auteurs se lancèrent dans l'opération avec enthousiasme et bonne humeur. Le 11 janvier 1909, le National tenait son plus grand succès. *Ohé! Ohé! Françoise!* attira 40 000 spectateurs en trois semaines, dépassant ainsi l'incroyable succès de *la Passion*.

L'intrigue de cette revue n'avait rien de bien original. Jean, un clochard, est fin saoul. Il s'endort sur la Place d'Armes et rêve que Maisonneuve descend de sa statue pour visiter sa ville. La pièce finit, bien sûr, par le réveil de l'ivrogne.

Ohé! Ohé! Françoise! mérite, à plus d'un titre, d'être retenue dans notre histoire théâtrale. Il s'agit, tout d'abord, de la première revue locale à grand déploiement. Elle comportait une trentaine de morceaux musicaux, chantés ou joués par l'orchestre, et autant de numéros comiques originaux. Mais l'œuvre avait d'autres qualités qui durèrent. C'est elle, en quelque sorte, qui imposa sa structure à toutes les revues québécoises subséquentes (jusqu'aux fameux *Bye Bye* de la télévision d'État) avec ses commentateurs — le compère et la commère — son rythme enlevé, ses personnages caricaturaux, sa variété et l'alternance de scènes chantées et parlées. Le succès de *Ohé! Ohé! Françoise!* incita Cazeneuve à répéter l'expérience en 1910 avec *A E Ou U Hein?* de Tremblay et Dumestre. Suivit une série innombrable de revues qui, par l'intermédiaire de Daoust, Deyglun, Grimaldi, Gélinas et beaucoup d'autres constituent aujourd'hui le fonds du Théâtre des Variétés de Montréal.

Le problème essentiel de ce genre si important dans notre histoire dramatique est qu'il ne laissa pas de traces écrites. Les manuscrits du début du siècle ont presque tous disparu. Puis, à partir de 1914, les troupes qui se spécialisèrent dans le genre, se contentèrent d'improviser sur des canevas. De sorte que *les Fridolinades* constituent sans doute le plus précieux témoignage du genre subsistant encore.

La Guerre, la Crise et la route

L'«Âge d'or» du théâtre ne s'acheva pas avec la première guerre mondiale, mais il faut bien admettre que les meilleures années du théâtre local étaient révolues. Julien Daoust, après avoir échoué dans sa tentative d'établir un théâtre vraiment national, en l'occurrence le Théâtre Canadien — qu'il fonda en 1911, baptisa «Canadien» en 1913 et abandonna en 1914 —, dut bien se rendre à l'évidence que les artistes français et belges étaient là pour rester et qu'ils bénéficiaient de la sympathie inconditionnelle du public. Auréolés d'un prestige souvent surfait, ces artistes souffrirent terriblement de la guerre qui clairsema leurs rangs. La colonie artistique européenne se scinda alors en deux groupes parfaitement distincts: les artistes de passage, engagés généralement pour une ou deux saisons, et les artistes immigrés. C'est des rangs de ces derniers que sortirent les principales vedettes locales de l'Entre-deux-guerres. Quant aux artistes québécois, malgré l'affaiblissement passager des Européens entre 1914 et 1918, ils ne parvinrent pas à prendre le contrôle des grands théâtres locaux, se contentant de triompher sur les scènes périphériques (l'Arcade, le Chanteclerc — futur Stella —, ou le *Family* — futur Corona).

Quant à la Crise, qui correspondait paradoxalement à la fondation du Stella par Albert Duquesne et Fred Barry (en 1930), elle porta un rude coup à tout le théâtre nord-américain. Fortement ébranlé par les succès du cinéma et mal remis du conflit féroce que lui avaient livré les frères Shubert, le *Trust* n'avait pas cessé de s'affaiblir au cours des années. La Crise lui fut fatale. Au Québec, un grand nombre de salles durent fermer leurs portes. Le chômage frappa les artistes aussi rudement que les autres catégories de travailleurs et de travailleuses. Pour survivre dans le métier, ils partirent à la conquête de nouveaux marchés et entreprirent des tournées provinciales. La Crise donna ainsi un second souffle à ce théâtre itinérant que Julien Daoust pratiquait, par nécessité, mais irrégulièrement, depuis 1900.

La tournée devint progressivement la principale source de revenus des troupes québécoises; à certains moments, elle fut même leur unique moyen de survie. Montréal y gagna en prestige et en autorité. Ses grandes salles tenaient lieu de scènes de consécration. De la même façon qu'il avait fallu s'imposer au public et à la critique de New York avant d'entreprendre une tournée en Amérique du Nord, il fallait désormais séduire les spectateurs et les critiques de Montréal avant de sillonner la province. C'était bien la preuve que l'institution avait des assises solides et profondes en dépit des affirmations contraires de nombre d'historiens de la littérature.

On ne saurait trop insister sur l'importance de la tournée dans l'histoire et le développement de notre théâtre. Née de nécessités économiques, la tournée ouvrit l'ensemble du Québec au théâtre. Jean Grimaldi affirmait encore récemment[22] avoir joué dans toutes les salles paroissiales et dans tous les sous-sols d'église québécois. C'est vraisemblable. Mais il faut comprendre que, joué dans des conditions matérielles difficiles — faute d'équipement de scène adéquat, d'éclairage, parfois de scène — et devant un public théâtralement vierge qui en voulait pour son argent, le théâtre dut s'adapter. Ce qu'il gagna en efficacité — dans l'art de dérider ou d'émouvoir les publics ruraux — il le perdit sans doute en subtilité. La qualité littéraire des œuvres, largement improvisées (il fallait être à l'écoute de ce public vivant!), s'en ressentit. Mais cette ère des tournées, qu'on considère à tort comme une période sombre de notre histoire dramatique, principalement parce qu'elle ne laissa pas de traces, ni d'œuvres écrites, fut l'une des plus vigoureuses de l'activité théâtrale locale. C'est d'elle qu'émergea Gratien Gélinas, c'est d'elle que naquit toute une tradition esthétique, c'est d'elle que la radio tira ses meilleurs éléments!

---

22. Propos recueillis lors d'une entrevue que nous a accordée Jean Grimaldi à son domicile montréalais le 22 octobre 1986.

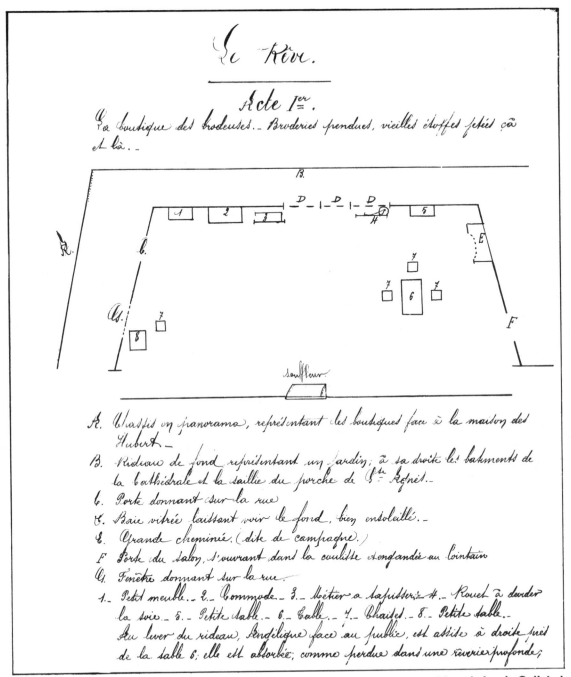

Le Rêve.

Acte 1er.

La boutique des brodeuses. - Broderies pendues, vieilles étoffes jetées çà et là. -

A. Chassis en panorama, représentant les boutiques face à la maison des Hubert. -

B. Rideau de fond, représentant un jardin; à sa droite les bâtiments de la Cathédrale et la saillie du porche de Ste Agnès. -

C. Porte donnant sur la rue

D. Baie vitrée laissant voir le fond, bien ensoleillé. -

E. Grande cheminée (dite de campagne.)

F. Porte du salon, s'ouvrant dans la coulisse &s'enfonçant au lointain

G. Fenêtre donnant sur la rue.

1. - Petit meuble. - 2. - Commode. - 3. - Métier à tapisserie 4. - Rouet à devider la soie. - 5. - Petite table. - 6. - Table. - 7. - Chaises. - 8. - Petite table. -
Au lever du rideau, Angélique face au public, est assise à droite près de la table 6; elle est absorbée; comme perdue dans une rêverie profonde;

Première page du cahier de régie de Henri Poitras pour le drame lyrique *le Rêve* de Louis Gallet et Adolphe Bruneau (d'après Émile Zola) joué au Théâtre Arcade de Montréal en 1939.

Décor de l'acte II du drame *Montferrand* de Louis Guyon, selon une mise en scène de Paul Cazeneuve (12e à partir de la gauche dans le rôle titre). Le drame a été créé au Théâtre National de Montréal le 26 octobre 1903.

*d Hommage à Montcalm/Tribute to Montcalm.
s.b.d./s.b.r.: OZIAS LEDUC
graphite aquarelle et gouache sur papier brun/
graphite watercolour and gouache on brown paper.
32,5 x 45 cm.
insc. b.g./b.l.: Échelle de ⅝ po. au pi.
b.d./b.r.: Hommage à Montcalm
HOMMAGE À MONTCALM/PROJET DE RI-
DEAU/POUR LE/CERCLE MONTCALM/ST-
HYACINTHE.
hist./prov.: Vente publique, 1965/Public sale, 1965;
Musée McCord.
Musée McCord/McCord Museum, Montréal
(M965. 104).

L'intérêt de Leduc pour le théâtre et la production de rideaux de scène peut remonter à sa période d'apprentissa-
ge avec Adolphe Rho et Luigi Cappelo qui ont signé plusieurs de ces décorations réalisées pour des salles de
collèges ou des cérémonies spéciales (Collège de l'As-
somption, Évêché de Sherbrooke). Ces quatre exemples
que nous proposons de dater de la première moitié de
l'année 1897, avant son séjour européen, à partir de la
date qui se trouve sur le dessin *Comédie et Tragédie*,
n'ont pu être rapproché d'aucune commande.
    Les sujets s'inspirent à la fois du paysage, des deux
grands genres théâtraux et de personnages historiques canadiens. Devant servir à de multiples usages, ces rideaux
de scène étaient destinés à des scènes peu profondes
dont ils incorporent les rideaux tirés, traités en trompe-
l'œil. Le sujet alors révélé cherche à créer à la fois un espace sur la scène par la représentation de sculptures, en
même temps qu'il tente de créer un effet de profondeur
par l'inclusion d'un paysage. Le dessin en couleurs (d)
révèle la meilleure réussite théâtrale en ce sens, car il in-
corpore un espace réel (vue de Québec) et imaginaire
(figure allégorique) autour du seul espace possible sur la
scène qui est celui du buste de Montcalm.

PAPINEAU

ACTE I

PREMIER TABLEAU

LA SAINTE. — Octobre 1837.

(La scène se passe à Saint-Denis. Le théâtre représente les
appartements de George Laurier : c'est le logement d'une famille
aisée. Au fond une porte-fenêtre s'ouvre sur un jardin.)

SCÈNE I

GEORGE, HASTINGS, *en costume de voyage.*

George.—Ce bon vieux Jimmy !... mais laisse-
moi donc te regarder un peu... Et presque pas
changé, ma foi !

Hastings.—Ni toi, mon cher George. Je suppose
que tu es toujours le même boute-en-train. Toujours
de la gaîté plein ça, hein ? (*Il lui frappe légèrement
sur la poitrine.*)
2

**Extrait de *Papineau* de Louis-Honoré Fréchette créé
à l'Académie de Musique de Montréal le 8 juin 1880
(Fonds B.N.Q.).**

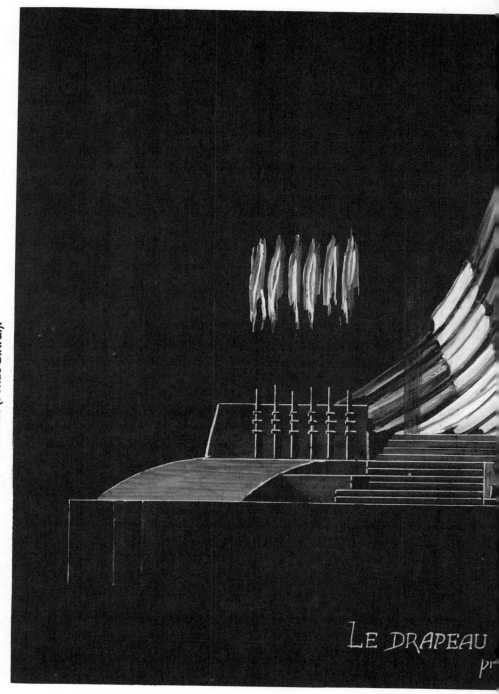

Esquisse de décor réalisée par Bertrand Vanasse en 1937 pour la production en plein air du *Drapeau de Carillon* de Gustave Lamarche (Fonds B.N.Q.).

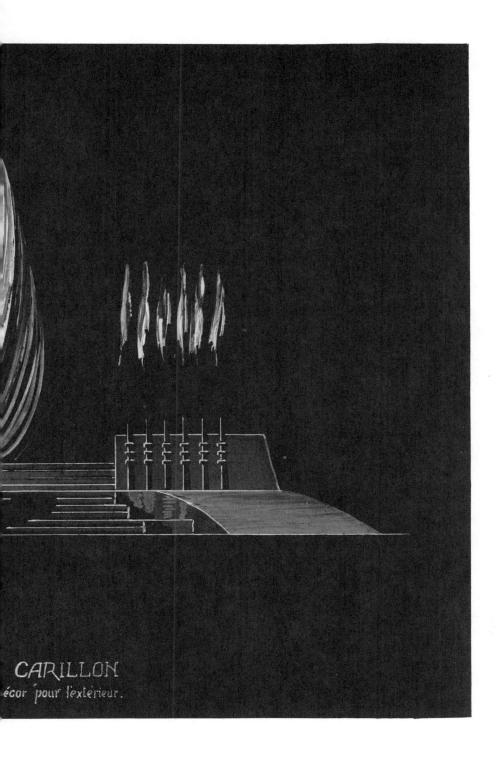

CARILLON
écor pour l'extérieur.

Louis Girardin en Cupidon dans la revue *Tape dans l'tas* de Pierre Christe, créée au Théâtre National le 12 février 1917 (Fonds B.N.Q.).

Juliette Béliveau et Fred Barry dans le sketch *les Parents s'ennuient le dimanche* de la revue *Fridolinons* 46 au Monument National (Photo: Henri Paul. Archives publiques du Canada).

Marc Forrez, Simone de Varennes et Thérèse McKinnon dans *la Grâce de Dieu* d'Adolphe D'Ennery au Théâtre Stella en 1940 (Fonds B.N.Q.). (Photo: Pierre Sawaya).

Jane Demons dans *le Mortel baiser* de Paul Gury au Théâtre National en 1959 (Fonds B.N.Q.).

Annonce du drame sur l'affiche géante du théâtre, rue Sainte-Catherine. Photo extraite de *Jean Grimaldi présente*, Ferron éditeur, Ottawa, 1973, p. 58.

Antoine Bailly (dit Godeau) en 1940. Bailly a été régisseur du Théâtre National de 1903 à 1917, puis il devint successivement directeur du Chanteclerc, du Saint-Denis et du Stella (Fonds B.N.Q.).

Paul Cazeneuve, directeur artistique et principale vedette du Théâtre National dans *Dr Jekill et M. Hyde* en 1903. Photo tirée de l'*Annuaire théâtral*, Georges H. Robert éditeur, Montréal, 1908-1909, p.9.

Léon Petitjean, co-auteur d'*Aurore l'enfant martyre*, alors qu'il était acteur au Théâtre National en 1900. Photo tirée de l'*Annuaire théâtral*, p.13.

Angéline Lussier, dite Blanche de la Sablonnière, première comédienne québécoise professionnelle. Photo tirée de l'*Annuaire théâtral*, p.238.

Gratien Gélinas en Fridolin, 1937. (Photo: Henri Paul).

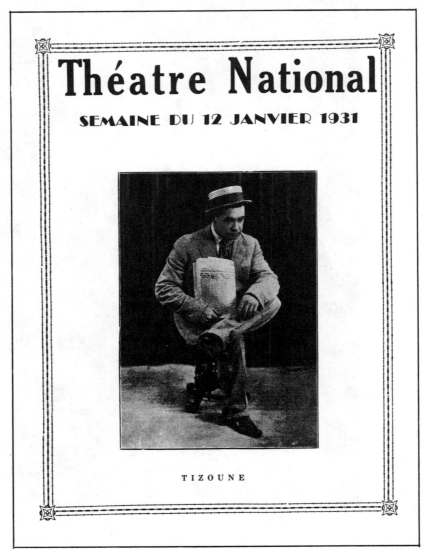

Olivier Guimond père en Tizoune. Photo tirée du programme du théâtre.

Jean Grimaldi en 1930. Photo tirée du programme du théâtre.

Olivier Guimond père et fils en 1948 au Théâtre Canadien. Photo tirée de *Jean Grimaldi présente*, Ferron éditeur, Ottawa, 1973, p.94.

PRICE **35** CENTS

FAREWELL AMERICAN TOUR
SARAH BERNHARDT
SEASON 1905-1906

THE ONLY
CORRECT VERSION OF
MY PLAYS TRANSLATED
AND PRINTED FROM MY
OWN PROMPT BOOKS.

Sarah Bernhardt

LA TOSCA

AS REPRESENTED BY
MME. SARAH BERNHARDT AND COMPANY.

UNDER THE DIRECTION OF
SAM S. & LEE SHUBERT AND WM. CONNOR

PUBLISHED BY
F. RULLMAN,
THEATRE TICKET OFFICE.
111 BROADWAY, NEW YORK.
TRINITY BUILDING (REAR ARCADE)

Page couverture de la traduction anglaise de *la Tosca* fournie aux spectateurs de 1905-1906 (Fonds B.N.Q.).

Sarah Bernhardt dans le rôle de la Tosca en 1887. Photo tirée de l'*Annuaire théâtral*, Montréal, 1908-1909, Geo H. Robert, éditeur, p.231.

SALLE CARTIER   575, rue THERRIEN

"LES AMIS DE LA SCENE" présentent

LA PASSION

Version de L. N. Senécal

Dir.-Art.: L. R. Senécal   Régisseur: Léo Pelletier

les 5, 7 et 10 Avril 1949

Representation pour les Enfants, Dimanche, le 3 Avril, 2.15 p.m.

BILLETS EN VENTE CHEZ:

Restaurant Leclerc, 4644, Notre-Dame O.   Cercle Paroissial, 575, rue Therrien
Pharmacie Goulet, 4590 ouest, rue St-Jacques   WE. 1926

Une autre célèbre version de *la Passion* par Louis-Napoléon
Sénécal, d'après l'œuvre du Français Harancourt (Fonds B.N.Q.).

" LA PASSION "

Drame mystère en Cinq Actes

Nouvelle version d'après le livre de M.Haraucourt

Par L.N.Senécal

Montreal,Février,1905

Les échos new-yorkais de *la Passion* de Germain Beaulieu, mise en scène par Julien Daoust en 1902 au Monument National. Extrait de *The World*, dimanche 20 mars 1902, p.17.

The World

TH

Will The PASSION PLAY Be Given IN NEW YORK?

SCENE OF THE OBERAMMERGAU PASSION PLAY.

A Version of the Oberammergau Produ now Creating the Greatest Religious Excitement in Montreal — Most Impressive Scenes in the Audience.

WILL THE NEW YORK CLERGY OBJECT TO A PRESENTATION HERE?

THE ARREST OF THE SAVIOUR AS SHOWN AT MONTREAL

Montreal, March 25.

THE Hall of the Monument National is thronged with 3,000 rapt spectators.

The atmosphere in the great auditorium is like that in the vestibules of cathedrals; people speak in whispers.

The curtain rises on the first scene of that greatest of dramas, the Passion Play—the scene tha. depicts the triumphant entry of Christ into Jerusalem.

The stage fills with a multi-colored mass of people, walking backward, waving palms and strewing flowers in the path of the Man of Sorrows, who comes, meek and lowly, riding upon an ass.

"Hosannah! Hail, Son of David!" the crowd acclaim.

At the Temple Christ dismounts and, advancing, with uplifted hands blesses the eager people. Then His eyes fall upon the desecrators of the Temple—the money-changers, the venders of doves and lambs and heifers for a burnt offering.

He drives them forth—He majestic in form, stately in gait, with tenderness softening His features and mitigating the harshest gesture, the severest reproof.

The scene and all those that follow create the profoundest, the most reverent impression upon those who twice a day throng the immense hall. The thousands seem to make up a congregation at wt. not an audience in a theatre. here women, absolutely controlled by the intensity of worship, feeling, bow their heads and piously tell their beads. Priests, in their black soutanes, are everywhere on the floor of the house; the gallery is crowded with uniformed pupils of the Catholic schools and with students of the religious universities, all deeply intent, all zealous lest a gesture of those on the stage escape them.

Occasionally as the play progresses an emotional woman yields to the strain and, half fainting, is led away.

Scene succeeds scene, tableau follows tableau, until the Crucifixion is re-enacted. The pathetic figure almost motionless. Only a slight heaving of the breast and an occasional lifting of the thorn-

"CHRIST BEFORE PILATE"
AT MONTREAL.

THE MONTREAL
"JOHN"

"THE PASSION PLAY"---BY GU

The Divine Tragedy as Produced in Cana
Novelist's Latest Novel, "

THE bell began to toll.
A thousand people fell upon their knee
eyes saw the great tableau of Christendo
ure in the centre, the Roman populace, the trem
passed across the sky, the illusion grew, and ho
music now, not a round save the sob of some o
Even the stolid Indians, as Ro
ns of all were upon the

79

HOTEL CENTRAL

J. P. CROTEAU, PROP

Manseau, Co Nicolet.

5

MANSEAU, _____ 194__

Cath) Je vais y aller, mais j te préviens que si t'es slow comme toute à l'heure, tu vas voir que tout passer — — 1 - 2 - 3 -

Aurore Entre — (Cath dég droite)

Abrah) petit frère y a !

Cath) Son petit frère y a !

abrah) — je vais y en donner d'autres (bis)

Cath) non ! non, c'est assez — (bis)

Abraham) Bonjour la petite — Bonjour (Catherine)

Cath) Ja ! Ja ! —

abraham sort

Cath) Y est tu beau un peu ce garçon là, sa va tu m'en faire un beau mari ! mais regardez-moé donc cte pauvre petite fille, qui pleure, c'est drôle ben moé j me méfie de cte femme là chaque fois j'arrive icite j trouve la petite en train d'pleurer, toujours sale toujours en guenille naturellement, j'ai ben envie de la faire parler après toute c'est rien qu'une belle mère — Viens ma petite fille viens me trouver un peu

Extrait d'un manuscrit incomplet d'*Aurore l'enfant martyre* de Henri Rollin et Léon Petitjean rédigé en 1942 (Fonds B.N.Q.).

PROGRAMME CHANSONNIER - SOUVENIR

La Petite Aurore
l'Enfant Martyre

La martyre

La beurrée de savon

Le fouet

Les brûlures

Mélodrame en cinq actes

PAR MM. HENRI ROLLIN ET LEON PETIT-JEAN

Présenté par "Tournées Théâtrales"

IMPRESARIO : LAURENT LACROIX
MONTREAL

Programme-souvenir du mélodrame avec Thérèse Mackinnon (Aurore), Nana de Varennes (la marâtre) et Marc Forrez (le père). (Fonds B.N.Q.).

Mme DEVOYOD

LA MONTAGNE (Mme Devoyod).

(Air: Musique de chambre.)

I

Ah! vraiment, Monsieur, c'est affreux!
On veut détériorer mon site,
Car voilà que l'on m'fait un creux,
Un grand creux à la dynamite.
Hélas! déjà depuis quéqu'mois
On m'a percé de plusieurs milles,
Dans un certain petit endroit.
C'est effrayant ce qu'on m'mutile!

II

On veut aussi qu'un chemin d' fer,
D'un côté à l'autr' me traverse.
Que va donc penser mon **gaster**,
Si des barbares le transpercent.
Un' précaution, c'est évident,
A ceux qui eur'nt l'idé' première
D'un semblable boul'versement,
C'est de leur mettre une muselière.

Extrait des pages 13 et 14 de *la Belle Montréalaise* de Julien Daoust, revue créée au Nationoscope de Montréal le 19 février 1913. (Fonds B.N.Q.)

SCENE XII

L'Américain, La Commère.

La Commère

CHANT

L'étoile aux Cieux
Annonce à la nature
Que vers ces lieux
Mon âme s'aventure;
Pour y planer à loisir
C'est mon plaisir
C'est mon plaisir.
Ah! Ah! Ah! Ah!
Pour y planer à loisir
C'est mon plaisir
C'est mon plaisir.
Ah! Ah! Ah! Ah! Ah!
Ah! Ah! Ah! Ah! Ah!
Et je voltige tour à tour
Du ciel au terrestre séjour.
Ah! Ah! Ah! Ah! Ah! Ah!
Ah! Ah! Ah! Ah! Ah! Ah!

L'Américain
Qui êtes-vous donc, belle dame ?
La Commère
Je suis l'âme de Montréal.
L'Américain
Planez-vous toujours ainsi dans les airs ?
La Commère
Je puis descendre à volonté, Monsieur l'Américain.
L'Américain
Vous savez qui je suis ?
La Commère
Je sais que vous venez me visiter.

L'Américain
Oui, et je ne retournerai chez moi qu'après vous avoir explorée entière-
ment.
La Commère
Il y a des choses, chez moi, qu'il ne faut pas toucher.
L'Américain
Quelles sont ces choses ?
La Commère
Notre langue, notre foi, et caetera!
L'Américain
Je promets de respecter votre langue, votre Foi et de ne jamais toucher
à votre et caetera.
La Commère
Merci. Prenez ma main, je vais vous guider à travers Montréal.
L'Américain
Je ne sais si...
La Commère
Que craignez-vous ?

CHANT.

Air: Marin Breton.

L'Américain
Si vous étiez une vraie femme,
Je vous suivrais avec plaisir.
La Commère
N'ayez donc pas peur de mon âme!
Vous guider est mon seul désir.
L'Américain
Vous êtes gentille...charmante.
La Commère
Merci, monsieur. Prenez ma main!
Chassez bien vite votre épouvante
Et suivez-moi jusqu'à demain
Chassez bien vite votre épouvante!
Ensemble
Partons ensemble, partons ensemble jusqu'à demain.
L'Américain

Allons!

Programme-souvenir des chansons du mélodrame en cinq actes de Henry Deyglun avec Jeanne Demons dans le rôle de la mère. Oeuvre créée au Théâtre Arcade le 10 septembre 1936. (Fonds B.N.Q.).

84

Histrionic Montreal

Annals of the Montreal Stage
with Biographical and Critical
Notices of the Plays and Players of a Century

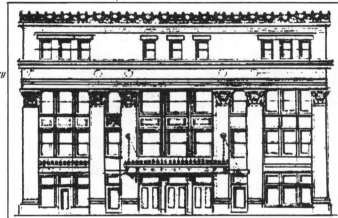

BY FRANKLIN GRAHAM

"—for the which supply,
Admit me Chorus to this history."

HENRY V. Prologue.

"Lovell, look that it be done!"
RICHARD III. Act 3., Sc. IV.

SECOND EDITION

MONTREAL:
JOHN LOVELL & SON, PUBLISHERS.
MCMII.

Page couverture de *Histrionic Montreal* de Franklin Graham, édition de 1902 avec un croquis de la façade du Théâtre Bennett-Orpheum et une gravure de l'intérieur du troisième Théâtre Royal (construit en 1825).

Le sixième Théâtre Royal, situé rue Côté en 1900. Le théâtre est resté actif jusqu'en 1917. Photo tirée de *Histrionic Montreal*, p. 64b.

Vue de la scène du Théâtre Royal de la rue Côté en 1900. Photo tirée de *Histrionic Montreal*, p.142a.

L'Académie de Musique en 1899, située rue Victoria, juste au nord de Sainte-Catherine. Photo tirée de *Histrionic Montreal*, p. 162a.

Le Théâtre français de Montréal en 1900, situé rue Sainte-Catherine, à l'est de Saint-Laurent (actuelle discothèque Metropolis). Photos tirées de *Histrionic Montreal*, p. 294a.

Le Proctor's Theatre en 1900, situé rue Guy, au coin de Sainte-Catherine. Photos tirées de *Histrionic Montreal*, p.296a.

Premières modernités
1930-1965

par André-G. Bourassa

«Je voudrais vous voir adopter cette idée que le théâtre doit jouer un rôle dans votre évolution.»

SACHA GUITRY,
au Club Saint-Denis, février 1927

Diviser l'histoire du théâtre au Québec en «tranches de vie» est une opération qui comporte nécessairement une part d'arbitraire. Nous croyons cependant que 1930 constitue un point de repère important. C'est la date d'ouverture du Théâtre Stella par un groupe de gens de scène qui, l'année précédente, en pleine crise économique, avaient décidé de prendre en mains leurs destinées. C'est également la date de fondation du Montreal Repertory Theatre (M.R.T.) dont l'activité va se prolonger jusqu'un peu après la guerre.

Ce qui caractérise le plus la période que nous faisons débuter en 1930, c'est le fait qu'elle prenne le contre-pied de la précédente. Par exemple, on n'y crée toujours pas le théâtre national dont rêvaient Eugène Lassalle[1] et Palmieri[2] (rêve français qui ne

---

1. «L'étranger qui passe à Montréal éprouve une certaine surprise à ne pas y voir un théâtre national [...]. Il cherche en vain un théâtre national «canadien-français» exclusive-

s'est jamais réalisé au Québec où on a préféré, à l'anglaise, des théâtres de société[3]), mais il surgit des compagnies promises à un grand avenir, dont certaines sont toujours très actives, comme le Théâtre du Rideau Vert (au Stella, précisément) et le Théâtre du Nouveau Monde.

La période de 1930 à 1965 est aussi celle des premières formulations théoriques, ce en quoi elle participe de la modernité. Il y a émergence de la fonction de metteur en scène: la représentation sur scène, comme celle de la toile ou du poème, ne se définit plus seulement par l'objet représenté et ses référents, elle se carac-

ment composé d'artistes du pays qui, sans dédaigner le bon répertoire français, pourraient représenter des œuvres du terroir et encourager ainsi certains auteurs de grand mérite qui sont injustement condamnés à rester inconnus même de leurs compatriotes» (Eugène Lassalle, *Comédiens et amateurs*, Montréal, Éd. du *Devoir*, 1919, p. 36).

2. «Pourquoi [...] n'existe-t-il pas un théâtre subventionné? Cela permettrait à de nombreux talents de se développer, et favoriserait, dans notre province, le retour parmi nous d'un art qu'une population française a laissé disparaître de ses murs. Espérons [...] l'établissement parmi nous d'une scène canadienne-française» (Joseph Archambault, dit Palmieri, *Mes souvenirs de théâtre*, Montréal, Éd. de l'Étoile, 1944, p. 114).
On aurait décidément voulu faire mentir ces mots sévères du Rapport Durham: «Though descended from the people in the world that most generally love, and have most successfully cultivated the drama - though living on a continent, in which almost every town, great or small, has an English theatre, the French population of Lower Canada, cut off from every people that speaks its own language, can support no national stage» (John George Lambton, Lord Durham, Rapport de 1839 à la Reine Victoria).

3. À vrai dire, le théâtre québécois, quoi qu'en ait prétendu Lord Durham, a déjà tenté de jouer un rôle assez spécial. On peut en juger par la violence observée dans la ville de Québec, au lendemain du soulèvement des Patriotes. Celle qui entoure la fermeture du Théâtre des marionnettes de Père Marseille (1838) de même que celle du Théâtre du Marché à foin, ou Théâtre royal (1839), suite à la présentation jugée séditieuse de *la Mort de César* de Voltaire. Les rassemblements, à Québec, autour de la troupe des Apprentis Typographes de Napoléon Aubin (d'origine suisse) pouvaient faire peur en 1839 (on avait tenté d'emprisonner Aubin en 1837 à cause d'un geste symbolique jugé hostile à l'Angleterre et on l'a emprisonné effectivement en 1838 parce que son journal, *le Fantasque*, avait semblé favorable aux Patriotes). Le remue-ménage qui se fait à Montréal autour du Théâtre de Société de Joseph Quesnel, Pierre-Louis Panet et Jean-François Perreault, en 1789, n'était pas innocent non plus (ces derniers étaient attaqués par le clergé catholique d'un côté et défendus, de l'autre, par le huguenot Fleury Mesplet et son journal). Ce n'était encore qu'expériences d'amateurs, sans doute, mais elles faisaient partie non négligeable des manifestations d'affirmation nationale de l'époque.

térise surtout par l'avènement du sujet[4]. Les textes théoriques en question ne sont pas nombreux, mais leur inscription dans la modernité est évidente à côté des simples souvenirs d'Albani[5] ou de Xavier Mercier[6]... si intéressants soient-ils.

En 1930, année du retour définitif d'Antoinette Giroux, la première boursière en art dramatique du Québec[7], apparaissent les premiers résultats d'une série de voyages d'études et de stages qui vont se faire de plus en plus fréquents, comme c'est le cas pour Jacques Auger et Laurette Larocque (Jean Desprez) à Paris, et Germaine Giroux à New York[8]. Le contact de jeunes comédien(ne)s avec les plus grands metteurs en scène du temps va con-

---

4. Nous retenons ici les positions récentes d'Henri Meschonnic: «[...] la modernité n'est pas la propriété d'un objet. Une qualité. N'est pas un style. Ni le nouveau. Il passe plus vite qu'elle. Ni la rupture, qui l'objective encore.
[...] le sujet projette chaque fois les valeurs qui le constituent sur un objet qui ne tient que de cette projection, le temps de cette projection, et qui varie quand change le sujet. [...]
On dit: le symbolisme était la modernité de 1886, comme le romantisme celle de 1830. Oui pour les contemporains. Pas pour *nous*. Parce qu'en tant que mouvements, ils sont sortis de notre temps-sujet, de notre continuité parlante. La modernité est une fonction du langage — du discours. Elle est l'histoire comme discours. Elle est irréductible à l'historicisme, qui l'enfermerait dans les conditions de production d'une époque. Une époque du sens.
[...] le moderne n'est ni le nouveau, ni un caractère du temps présent, mais une forme-sujet («La modernité comme travail du sujet», dans Henri Meschonnic, *Modernité modernité*, Paris, Verdier, 1988, p. 33-35).

5. Emma Lajeunesse, dite Albani, *Fourty years of songs*, (Londres, 1911), traduit par Gilles Potvin, *Mémoires d'Albani*, Montréal, Éd. du Jour, 1972).

6. Xavier Mercier, *Souvenirs de ma carrière*, Québec, Dussault & Proulx, 1923.

7. On sait peu de choses du séjour d'études de Laura Lussier à Paris (cf. Jean Béraud, *350 ans de théâtre au Canada français*, Montréal, Cercle du livre de France, «l'Encyclopédie du Canada français», n° 1, p. 129). On sait qu'elle a joué pour le National (Béraud en parle à propos de 1908) et qu'elle est la tante de l'actrice de cinéma Yvonne Lussier dite Fifi Dorsay.

8. Jeanne Maubourg-Roberval, qui a également travaillé à New York, est peut-être la première femme à avoir fait des mises en scène au Québec et a le mérite d'avoir choisi Ozias Leduc et Paul-Émile Borduas, résolument modernes, comme décorateurs (pour *Madeleine* d'Ernest Choquette, à Saint-Hilaire, en juillet 1928), mais le cas semble isolé.

tribuer puissamment à la modernisation du jeu, de la mise en scène et même de l'écriture[9].

Trois troupes

Le M.R.T. est inauguré en mars 1930 par Martha Allan dans un petit atelier de la rue Union. La troupe jouera aussi dans une salle de la rue Saint-Alexandre, près du Collège Sainte-Marie. Il est intéressant de noter que ce théâtre se lie très tôt aux Anciens de Gesù pour donner une pièce d'un disciple de Jacques Copeau, André Obey, en 1933, et qu'on y retrouve, comme danseur et acteur, un jeune ancien, Pierre Gauvreau, qui est l'un des premiers membres du groupe des Automatistes; ce dernier est aujourd'hui aussi bien connu pour ses dramatiques à la télévision que pour ses productions de peintre.

Le Stella ouvre ses portes avec une pièce de Somerset Maugham où on retrouve notamment Mimi d'Estée, Antoinette Giroux et Marthe Thiéry avec Fred Barry, Henry Deyglun, Albert Duquesne et Pierre Durand (Deyglun ayant lui-même travaillé brièvement avec Copeau à Paris). Le tandem Barry-Duquesne, qui date de 1924, donne à ce théâtre une notoriété immédiate. En 1933, l'occupation des lieux est doublée par l'Académie canadienne d'art dramatique d'Henri Letondal. Son conseiller juridi-

---

9. On nous permettra de référer ici à des travaux antérieurs sur le sujet:
André-G. Bourassa, «Vers la modernité de la scène québécoise», «[I] Influence des grands courants du théâtre français au Québec (1898-1948)»; «[II] Les contre-courants (1901-1951)», *Pratiques théâtrales*, no 13, automne 1981, p. 3-26 et no 14-15, hiver-printemps 1982, p. 3-31.
— «La dramaturgie contemporaine au Québec (Du théâtre de la crise à la crise du théâtre)», dans René Dionne, dir., *le Québécois et sa littérature*, Sherbrooke, Éd. Naaman, 1984, p. 242-261.
— «Scène québécoise et modernité» dans Yvan Lamonde et Esther Trépanier, dir., *l'Avènement de la modernité culturelle au Québec*, Québec, IQRC, 1986, p. 139-171, ill.

que, Léon Mercier-Gouin, amorce une collaboration qui sera complétée par celle de son épouse, Yvette Ollivier Mercier-Gouin. L'Académie laisse place à l'Union artistique canadienne d'Antoinette Giroux dont le plus grand succès est précisément *Cocktail* d'Yvette Ollivier Mercier-Gouin, en 1935. La même année, c'est la troupe Barry-Duquesne qui reprend l'affiche au Stella avec *Gens de chez nous* d'Henry Deyglun, pièce qui aura droit à une tournée en Europe en 1937. Avec l'École du spectacle de Laurette Larocque-Auger, l'expérience du Stella apparaît vraiment multiforme. Et marquante si l'on considère qui sont les jeunes qui doivent leurs premières expériences à l'Académie ou à l'École: Ferdinand Biondi, Pierre Dagenais, Camille Ducharme, Guy Mauffette, Sita Riddez[10]...

À compter de 1937, les Compagnons de Saint-Laurent[11] vivent à leur tour une autre des expériences dramatiques globales de l'époque. Plus importante que celle du groupe de la Renaissance théâtrale de Renaud Miville-Deschênes qui, avec François Bertrand, Judith Jasmin, Juliette Huot et Mia Riddez, se donne quand même la peine de monter Molière, Corneille et Pagnol (*Topaze*) en 1936 et 1937. Les Compagnons de Saint-Laurent ont un centre (à Outremont, puis à Vaudreuil), une maison d'édition (À l'enseigne des Compagnons) et une revue (les *Cahiers des Compagnons*). Ils ont également un critique attitré (Louis-Marcel Raymond) et deux auteurs (André Legault et Félix Leclerc qui habite au Centre). Ils ont surtout un animateur, le père Émile Legault, et des acteurs qui garderont longtemps l'anonymat à la manière des «copiaus», disciples de Copeau deuxième manière, dont ils jouent les œuvres.

Le succès des Compagnons de Saint-Laurent est d'autant plus grand qu'ils canalisent des attentes: des comédiens amateurs, les

10. Une étude à consulter: Joyce Cunningham, «L'ancien Théâtre Stella (1930-1936)», *Jeu*, n° 6, Montréal, Quinze, été-automne 1977, p. 62-79.

11. Voir Anne Caron, *Le Père Émile Legault et le théâtre au Québec*, Montréal, Fides, «Études littéraires», 1978, ill.; Hélène Jasmin-Bélisle, *le Père Émile Legault et ses Compagnons de Saint-Laurent*, Montréal, Leméac, 1986, ill.

Compagnons de la Petite Scène (parmi lesquels on compte à l'occasion Hector Charland), avaient déjà joué une pièce d'Henri Ghéon, *le Mort à cheval*, vers 1925. De jeunes jésuites, principalement le père Paul Bélanger, ont fait des mises en scène de Ghéon à compter de 1932 aux collèges de l'Immaculée-Conception, Jean-de-Brébeuf (où Émile Legault en fait la découverte) et Saint-Boniface. Les étudiants du Collège de Saint-Laurent, avant la création des Compagnons, avaient multiplié les représentations de Ghéon et d'Obey à compter de 1935.

Il en coûtera cher en défections aux Compagnons de Saint-Laurent de ne s'être intéressés trop longtemps qu'aux seuls épigones du mouvement de Copeau, sans trop comprendre pourquoi les principaux disciples de ce dernier l'avaient abandonné depuis un certain temps déjà: Dullin en 1919 et Jouvet en 1920. Legault s'intéresse trop au contenu (religieux) et pas assez à la forme. Certes il y a une rupture, mais rupture qui apparaît après coup comme un retour vers le passé. Et pourtant, ce préjugé qu'il adopte pour la forme médiévale, avec ce qu'elle suppose de rejet des formes stéréotypées héritées de l'époque classique et de la scène bourgeoise, est certainement à mettre au compte de la modernité.

La fondation des Compagnons de Saint-Laurent est cependant une étape dont l'initiateur lui-même admet qu'elle n'enlevait pas leur valeur aux expériences des Barry, Duquesne ou Giroux:

> Devant le rideau, à l'occasion de nos Matinées classiques destinées, surtout, aux jeunes, je daubais le répertoire de boulevard et faisais campagne, farouchement, pour le théâtre poétique. J'ai eu l'occasion, après bien des années, de travailler avec quelques-uns des vieux routiers du théâtre Arcade, par exemple, ou du Stella; à mon étonnement et à ma courte honte, je dois le reconnaître, je découvrais des «vrais de vrai», des serviteurs entièrement «donnés» à l'art dramatique et modestes. Immunisés contre le cabotinage[12].

---

12. Émile Legault, «Quelques notes sur les Compagnons de Saint-Laurent», dans Paul Wyczynski, Bernard Julien et Hélène Beauchamp, dir., *le Théâtre canadien-français*, Montréal, Fides, «Archives des lettres canadiennes», n° 5, 1976, p. 256.

Deux extrêmes: Claude Gauvreau et Gratien Gélinas

La guerre de 1939-1945 perturbe violemment la scène québécoise. À cause des départs: une troupe comme le *Montreal Repertory Theatre* non seulement perd des comédiens comme Pierre Gauvreau, mais elle voit son directeur, Mario Duliani, placé dans un camp de concentration préventif parce qu'il est d'origine italienne. À cause des arrivées ou des rencontres à l'étranger: quelques juifs et juives de grande classe se joignent aux troupes du Québec; les uns y demeurent mais d'autres, comme la chorégraphe Ruth Sorel, ne restent que peu de temps. Ludmilla Pitoëff, en exil à New York, est invitée par la Comédie de Montréal pour faire la mise en scène du *Vrai procès de Jeanne d'Arc* (écrit par Georges Pitoëff, son mari); elle se fait offrir une mise en scène chez les Compagnons de Saint-Laurent puis fonde sa propre troupe (avec, notamment, Yul Brynner). Ludmilla Pitoëff a vite discerné le talent de certains Québécois et les encourage à aller se perfectionner à Paris après la guerre. Deux d'entre eux, Jean-Louis Roux et Jean Gascon, se retrouveront donc sur les scènes parisiennes, particulièrement sur celles des membres du Cartel (comme Louis Jouvet) auquel avaient appartenu les Pitoëff.

Il se fonde des troupes de brève durée comme la Comédie de Montréal de Paul L'Anglais, le Jeune Colombier de Jean Duceppe et, surtout, l'Équipe de Pierre Dagenais (1943). L'Équipe a sensiblement les mêmes acteurs que la Comédie (Yvette Brind'Amour, Antoinette Giroux et Muriel Guilbault, notamment), mais joue aussi bien Cocteau, Salacrou et Shaw que Molière et Shakespeare. Elle risque et réussit *Huis clos* de Jean-Paul Sartre (1946) avec Muriel Guilbault et Jean Saint-Denis dans les rôles principaux. Le succès est tel que l'auteur, qui n'avait jamais vu sa pièce représentée, obtient une reprise donnée en pleine nuit expressément pour lui. Sartre serait allé jusqu'à dire que si les Québécois, installés alors dans leur espérance religieuse, n'avaient pas le sens du tragique, il en allait autrement de ceux qui jouaient cette nuit-là.

C'est au groupe du peintre Paul-Émile Borduas, comme il a été dit dans l'ouvrage qui accompagnait l'exposition «*Refus global et ses environs*[13]», qu'on doit les premiers spectacles-provocations au Québec. Ce fut d'abord, le 20 mai 1947, deux pièces automatistes qui n'ont été jouées qu'un seul soir: *Bien-être* de Claude Gauvreau, avec Muriel Guilbault, Jean Saint-Denis et l'auteur lui-même; *Une pièce sans titre* de Jean Mercier, jouée par Gilles Hénault et Jean-Paul Mousseau (décors de Pierre Gauvreau pour la première et de Marcel Barbeau pour la seconde). Ce fut ensuite la lecture publique par Claude Gauvreau, le 3 avril 1948, de poèmes automatistes de Thérèse Renaud tirés des *Sables du rêve*; il s'agit de *Moi je suis de cette race rouge et épaisse*, textes sur lesquels dansèrent Jeanne Renaud et Françoise Sullivan. Ces pièces d'un soir étaient tout à fait dans la tradition des pièces dadaïstes et surréalistes qui, pour plusieurs, n'eurent droit elles aussi qu'à un soir de «scandale».

La production de *Bien-être* coïncide avec celle de pièces comme *le Désir attrapé par la queue* de Pablo Picasso (1945), *Épiphanies* d'Henri Pichette (1947), *le Roi pêcheur* de Julien Gracq (1948) et *los Reyes* de Julio Cortàzar (1949). C'est dire son actualité, sa modernité. *Bien-être* sera repris quelquefois par la suite. Quant à *Moi je suis de cette race rouge et épaisse*, il faudra attendre quarante ans pour avoir droit à une reprise.

L'année suivant le premier spectacle des Automatistes, le 9 août, les éditions «Mithra mythe» lancent *Refus global*, le manifeste surrationnel du peintre Paul-Émile Borduas avec, encartés, les textes de *Bien-être*, *Au cœur des quenouilles* et *l'Ombre sur le cerceau*, de Claude Gauvreau, soit trois des vingt-six objets dramatiques écrits par lui entre 1944 et 1946 sous le titre collectif *les Entrailles*. Le manifeste — auquel on s'accorde aujourd'hui à faire remonter pour une part le Québec moderne — ainsi que les textes qui l'accompagnent, sont aussi mal reçus à l'époque que l'avait été le spectacle de mai 1947. Entre-temps, de 1950 à 1951, Claude Gauvreau tient une chronique «Masques et bergamasques», dans le journal *le Haut-Parleur*, où il se démène pour faire passer ses

13. André-G. Bourassa et Gilles Lapoinre, *Refus global et ses environs*, Montréal, Éd. de la Bibliothèque nationale du Québec et de l'Hexagone, 1988, p. 155.

convictions automatistes et libertaires. Il publie également, dans *le Canada*, des textes très lucides sur la formation des comédien(ne)s et sur l'improvisation. Qu'on en juge par ce passage toujours actuel:

> [...] Aujourd'hui comme hier, l'observation me persuade que la seule fin saine d'un enseignement dramatique (comme de tout enseignement artistique, du reste) est de créer chez l'élève la disponibilité la plus vaste possible.
>
> Rendre disponible, c'est-à-dire, annihiler tous les états moraux et physiques qui entravent ou paralysent la libre activité de la vie sensible. Les obstacles moraux sont les conformismes de toutes sortes, les préjugés, les timidités, les humilités; les obstacles physiques sont les défauts de souplesse neuromusculaire [...].
>
> Les matériaux positifs en art dramatique comme en tout art sont, chez l'artiste, la présence d'un généreux et puissant désir. L'inspiration personnelle ne s'enseigne pas, même si elle se dépiste et se désigne. La force biologique ne s'inculque pas [...].
>
> De la vie émotive à la conscience, le passage est incommensurable. Bien des choses existent en une personne, pour la caractériser et la définir, et dont cette personne ne soupçonne pas la réalité. Les apports les plus personnels d'un être lui sont généralement inconscients.
>
> Un professeur responsable doit provoquer, par quelque moyen, la manifestation de cette qualité d'être mystérieuse. Une fois manifestée, il doit la désigner à la personne qu'elle révèle — sans se tromper.
>
> La tâche la plus dure d'un professeur est certainement de mettre l'élève dans une ambiance favorable à l'extériorisation de cette forme qui lui est propre. L'enseignement d'un professeur lucide se résume à une critique a posteriori.
>
> Quand il est parvenu à «compromettre» l'élève, c'est-à-dire à lui faire assumer un risque psychologique suffisamment émouvant pour qu'il se révèle malgré lui, le professeur doit faire l'analyse de cette réalité singulière qu'on lui vient manifester.
>
> Destructeur d'inhibition d'abord et avant tout, le professeur devient ensuite révélateur d'authenticité permanente. Si l'on

considère que la justesse d'une chose et d'un être ne s'appré-
hende que par la sensibilité, on comprendra quelle acuité
sensible est exigée d'un maître [...].

Le professeur est un guide. Il ne peut agir que sur une forme
déjà existante, a posteriori. Sa tâche est de débarasser l'élève
de ses hésitations arbitraires, de lui rendre accessible la bonne
conscience primitive, d'épurer ses manifestations entachées
d'a-priorisme, d'épanouir une justesse naturelle de plus en
plus limpide.

En art dramatique, comme ailleurs, l'arbitraire (la volonté
habile, tyrannique et sèche) n'a de place nulle part. Le rôle
de la volonté est de servir scrupuleusement et rigoureusement
l'accomplissement de l'inspiration authentique.

L'élève doit comprendre, aussi, afin de ne s'amenuiser dans
aucun préjugé sectaire, que tout est permis — pourvu que
l'objet (formé ou en formation) soit la conséquence d'un désir
véritable et ardent. Les critères de jugement ne doivent pas
être conventionnels: il est obligatoire d'apprendre à estimer
un objet sur la justesse inscrite dans sa charge sensible, et non
pas d'après des règles décrétées par intention lâche de simpli-
fication.

À la longue, la forme sensible devra devenir le critère de jugement de l'élève: ainsi, il ne sera pris au dépourvu par aucun
objet (aussi imprévu soit-il) qu'on lui présentera, car tout
objet (même le plus révolutionnaire) a toujours une forme
sensible.

Limité par aucune prévention esthétique, élargi par la conscience critique, assaini et rompu par une expérience sensible,
immense et multiforme, apaisé par la connaissance de soi, le
jeune comédien sera devenu alors véritablement «disponible».

La disponibilité intégrale est le seul but respectable de tout
enseignement d'art[14].

Janine Saint-Denis, surnommée Janou par Claude Gauvreau,
monte deux objets des *Entrailles* (*la Jeune Fille et la lune* et *les
Grappes lucides*) en 1958, à l'occasion du dixième anniversaire de

---

14. Claude Gauvreau, «Le théâtre dans le concret I: l'enseignement à souhaiter», *le
Canada*, 4 juin 1952, p.4.

Refus global. Marcel Sabourin, au Studio d'essai du Théâtre-Club, en 1958, monte *l'Ogre* de Jacques Ferron (que l'auteur avait fait paraître dans une collection d'écrits automatistes) et tente à son tour, mais en vain, de mettre en scène des objets dramatiques de Claude Gauvreau. Il faudra attendre 1968 pour qu'ait lieu une lecture publique de *la Charge de l'orignal épormyable* de ce dernier au Théâtre de Quat'Sous (par le Centre d'essai des auteurs dramatiques) et 1970 pour une création de cette même pièce, création d'ailleurs avortée à l'entracte de la troisième représentation. Étrangement, et en partie à cause de la mythification qu'on constate, par exemple, autour d'Artaud lors de sa sortie de clinique, la pièce *Les oranges sont vertes* (1972), créée six mois après la mort de l'auteur, sera jouée à guichets fermés dans une des plus grandes salles du Québec.

L'année même où Henri Pichette fit au théâtre une entrée remarquée, avec *les Épiphanies*, en 1947, Claude Gauvreau a donc inauguré une tradition qui est non seulement nouvelle ici, mais encore bien vivante en France. Théâtre de cruauté, langage «exploréen», irruption du sujet dans l'œuvre, esprit essentiellement surréel, voilà qui était neuf également, exception faite des aspects fantastiques de *la Fille du soleil* (1946, inédit) de Carl Dubuc — dont les décors étaient d'un autre élève de Paul-Émile Borduas, Gabriel Filion. Il n'y eut de succès à l'époque ni pour Claude Gauvreau, ni pour Carl Dubuc — qui revint pourtant avec une fantaisie politique, *Lorazim*. L'abstraction lyrique et le langage gestuel rencontrent peu à peu le succès, du côté non-verbal (danse, musique, peinture, sculpture), mais mettent bien des années à percer du côté textuel... Sauf, exceptionnellement, à la radio, où certaines œuvres semblent obtenir une réception plus positive que sur scène.

□

C'est un jeune auteur, acteur et metteur en scène, Gratien Gélinas, qui allait remporter un des premiers triomphes de texte et de jeu au Québec avec *Tit-Coq*, en 1948. Acclamé au point que l'Université de Montréal lui décernât un doctorat honorifique cette même année, Gélinas y alla d'un long discours intitulé «Pour un théâtre national et populaire»:

Comment le Canadien de la salle pourrait-il murmurer, en même temps que lui et du même cœur que lui, les paroles d'un auteur étranger, même si cet auteur est français?

Car, pas plus au théâtre qu'ailleurs, nous ne saurions compter sur la littérature de France pour nous représenter. Ce n'est pas moi qui le dis, c'est Étienne Gilson:

«Il est certain, écrivait-il récemment dans le périodique *Une semaine dans le Monde*, que le Canada, où l'on parle le français, n'est pas la France. L'étroite parenté des langues est ici pour l'observateur la source d'une illusion difficilement évitable, mais qui n'en est pas moins une illusion. Lorsqu'un Canadien parle ou écrit en français, il est le porte-parole d'un peuple dont l'histoire n'est pas la nôtre, et dont la vie diffère aussi profondément de la nôtre que son pays diffère du paysage où nous vivons.

«Officiellement séparés depuis deux siècles, distincts depuis plus longtemps encore, le Canadien et le Français n'ont ni le même passé ni le même avenir. Ils n'ont donc pas le même présent, la même durée, la même vie, le même être. Et c'est pourquoi, même s'ils usent de la même langue, ils créent deux littératures distinctes dont chacune peut mettre à profit les techniques de l'autre tout en jaillissant de son propre fond.»

[...] je soutiens que, à valeur dramatique non seulement égale mais encore fort inférieure aux grands chefs-d'œuvres du théâtre étranger, passé ou contemporain, une pièce d'inspiration et d'expression canadiennes bouleversera toujours davantage notre public.

Cette anomalie troublante, pour injuste qu'elle semble de prime abord, j'en ai vérifié l'existence en passant depuis de la théorie à la pratique.

Je n'entends pas nier ici tout intérêt à un théâtre étranger. Un public qui ne s'y verra pas directement représenté pourra l'apprécier, mais pour des raisons moins essentielles, moins pures, qui relèveront par exemple de la nouveauté, de l'exotisme ou de la littérature.

Ce qui revient à affirmer que, contrairement à la musique et à la peinture, le théâtre sera toujours d'abord et avant tout national, puisqu'il est forcément limité par sa langue. Si, accidentellement, à cause de sa transcendance humaine et dramatique, il atteint à l'universel, la traduction même la plus fidèle lui enlèvera toujours un peu de sa valeur intrinsèque [...].

Ce besoin d'indépendance purement théâtrale n'a rien à voir avec le nationalisme politique et on serait malvenu d'y trouver l'expression d'une crise de francophobie.

Nous sommes d'ascendance française, oui, et c'est dans le génie français que notre personnalité collective a puisé ses caractéristiques les plus évidentes, mais on ne saurait nous taxer d'ingratitude si nous voulons maintenant vivre notre propre vie intellectuelle, selon nos aptitudes et nos moyens à nous[15].

On a l'impression que, tout à coup, le Québec commence à se forger une tradition, celle de Firmin Gémier, que Jean Vilar n'allait pas dédaigner relancer chez lui, en 1951.

Issu de milieux d'amateurs, Gélinas avait joué du Géraldy en 1934, participé à une revue qui anticipait la télévision (*Télévise-moi ça!* de Jean Béraud et Louis Francœur). Ensuite il a écrit et joué pour la radio et le cinéma. Le personnage principal de ses scénarios de la radio[16] et du cinéma, Fridolin, est un gamin de ruelle qui promène son regard ironique sur la société. Le personnage allait vite apparaître sur scène, dans des revues attirant au théâtre des foules qu'on ne croyait plus possibles. Deux des dernières revues allaient amener la critique à souhaiter que Gélinas en exploite davantage les côtés dramatiques (*le Départ du conscrit, le Retour du conscrit*), ce qu'il fit: Fridolin devint *Tit-Coq*.

Les revues de Gélinas (*Le Train de plaisir, le Carrousel de la gaieté, Fridolinons*) et *Tit-Coq* sont essentiellement d'inspiration

---

15. 31 janvier 1949; dans *Amérique française*, n° 3, 1949, p. 37-39.

16. Pierre Pagé et Renée Legris, *le Comique et l'humour à la radio québécoise, aperçus historiques et textes choisis*, vol. 1, Montréal, La Presse, 1976 et vol. II, Montréal, Fides, 1979. Voir aussi les préfaces de Laurent Mailhot aux différents volumes des *Fridolinades* qui n'ont été édités que récemment.

populaire, à une certaine distance de la bourgeoisie et du pouvoir. (Ce n'est pas le cas des deux pièces suivantes, *Bousille et les justes* et *Hier, les enfants dansaient*, où les héros, tantôt du côté dominé dans *Bousille et les justes*, tantôt du côté dominant dans *Hier, les enfants dansaient*, sont déchirés par les conflits de valeurs).

Rideau Vert, Jeune Scène, Nouveau Monde, Théâtre Club

Le Théâtre du Rideau Vert est fondé en 1949 par Yvette Brind'Amour. Il s'installe d'abord au Théâtre des Compagnons de Saint-Laurent, au Gesù, puis au Stella qui, devenu cinéma, redevient théâtre. Les premières années, ce théâtre se consacre d'abord au répertoire. La réussite d'une création québécoise (*les Belles-Sœurs*) va transformer avec le temps son image, plus ou moins justifiée, de théâtre de boulevard; mais le Rideau Vert est apparu dès le début comme une compagnie solide. Il a toujours fait alterner de façon assez habile les répertoires du premier et du second genre — comme on disait autrefois — et a réussi à se faire une clientèle fidèle qu'il a su, à l'occasion, provoquer par des œuvres inusitées, essentiellement modernes.

Marcel Dubé, jeune dramaturge, semble prendre un temps la relève de Gélinas (en réalité, ce dernier demeure toujours actif et semble devoir rebondir sans cesse). Formé au Collège Sainte-Marie, près de Comédiens Routiers comme Louis-Georges Carrier et André Bédard, Dubé s'entoure de comédiens qui en sont comme lui à leurs débuts; ils fondent la Jeune Scène. Dubé écrit et présente *le Bal triste*, en 1950, *De l'autre côté du mur* en 1952 (qui est repris au St. Adele Lodge après avoir été présenté au Festival d'art dramatique) et *Zone*, qui obtient le premier prix l'année suivante, au même festival. Dubé aura, comme Gélinas, ses héros de ruelle et ses soldats démobilisés, révoltés contre le système:

> [...] pour l'instant, je vis avec les personnages que je comprends et je suis intéressé de les connaître davantage avant de

les quitter. Lentement je prends conscience des différentes classes sociales, lentement j'essaierai de les pénétrer, je m'acharnerai à disséquer leurs misères morales et leurs valeurs profondes. Mais pas avant d'avoir déterré les racines de l'homme d'ici, de l'homme le plus près de la rue; tant que je n'aurai pas atteint la réalité, qui le fera plus grand que lui-même, tant que je ne me serai pas expliqué ses silences de honte et ses sourires de bête traquée, je ne serai pas satisfait.

Plus tard, quand j'aurai vieilli un peu et que je serai entré à cette école que Giraudoux appelle «des indifférents», peut-être aurai-je envie de me moquer de tout cela, d'écrire avec humour et de faire rire... Si toutefois la passion du théâtre ne m'a pas quitté.

En attendant, j'accepte que mes pièces soient passées au crible de la critique et que l'on dise d'elles qu'elles sont noires et désolées. Ce n'est ni tout à fait vrai, ni tout à fait faux. Une chose est certaine: je ne parle pas de vaincus. Ou si je parle de vaincus c'est pour les venger et les voir triompher. Ce sont les désespoirs, les révoltes et les colères qui préparent le mieux le sourire et le charme de l'avenir. On ne crée pas avec la tiédeur et l'immobilité[17].

Mais, dès *Zone*, les contrebandiers de Dubé ne peuvent dissimuler leur envie de passer aux beaux quartiers. L'auteur semble ne s'intéresser progressivement qu'à la marginalité *high society* — il suit ainsi ses modèles présumés, les cinéastes néo-réalistes d'Italie, qui passèrent eux aussi du *Voleur de bicyclette* à *la Dolce Vita*. La période Jeune Scène de Dubé reste une étape importante dans la montée d'une dramaturgie québécoise.

Elle reçoit un coup de pouce, cette dramaturgie, avec le retour des Jean Gascon et Jean-Louis Roux. Ces Québécois, qui avaient pu jouer en 1947 avec le Vieux-Colombier et le Théâtre des Champs-Élysées, fondent en 1949, avec *Un fils à tuer* d'Éloi de Grandmont, le Théâtre d'essai de Montréal. Ils présentent *Rose Latulippe* de Roux, en 1951, puis s'orientent vers une formule plus classique, plus «répertoire», et mettent sur pied avec,

---

17. Marcel Dubé, «La tragédie est un acte de foi», *Le Devoir*, le 15 novembre 1958; repris dans *Textes et documents*, Montréal, Leméac, 1968, p. 31. L'extrait n'est pas repris dans *La tragédie est un acte de foi*, Montréal, Leméac, 1973.

entre autres, Jean Gascon, le Théâtre du Nouveau Monde (T.N.M.)[18].

Dès sa fondation, le T.N.M. présente une qualité professionnelle rarement atteinte auparavant, avec la collaboration de Robert Gadouas, Georges Groulx et Guy Hoffmann. La troupe fonde son école d'art dramatique où l'on trouve, avec les comédiens, des dramaturges comme Dubé et Gauvreau (c'est au sortir de cette école que Gauvreau publie ses textes théoriques du *Canada*). Le T.N.M. joue en 1954 un *Don Juan* qui supporte la comparaison avec celui du Théâtre national populaire (T.N.P.), présenté la même année par Jean Vilar et Gérard Philipe, et on n'est pas surpris au Québec d'apprendre le succès du T.N.M. à Paris, au Théâtre Hébertot, lors du Festival international d'art dramatique. On est peut-être un peu déçu, cependant, que ce succès soit obtenu avec des œuvres étrangères et que le T.N.M. d'alors n'ait pas gardé du Théâtre d'essai la volonté de créer des textes québécois. Son travail, en tout cas, allait être consolidé par la création, à la fin de 1953, du Théâtre-Club[19] et surtout par celle du Conservatoire dramatique (1954), confié à Jan Doat (qui avait étudié chez Dullin avec Barrault et Vilar). La base est désormais solide, d'autant plus qu'on voit apparaître au T.N.M. la troupe parallèle des Jeunes Comédiens et que la troupe des étudiants du Conservatoire se donne en 1963 une permanence sous le nom de Théâtre populaire du Québec (T.P.Q.).

18. Voir Éloi de Grandmont, Normand Hudon et Jean-Louis Roux, *Dix ans de théâtre au Nouveau Monde*, Montréal, Leméac, 1961, ill.; Louis-Martin Tard, *Vingt ans de théâtre au Nouveau Monde, histoire d'une compagnie théâtrale canadienne*, Montréal, Éd. du Jour, 1971, ill.; Jean-Guy Sabourin, *les Vingt-cinq ans du T.N.M. Son histoire par les textes*, Montréal, Leméac, 1976, ill.

19. Sur le Théâtre-Club, voir Madeleine Greffard, «L'ouverture du Théâtre-Club», *la Grande Réplique*, vol. 2, n° 2, 1978.

Le théâtre en poche

Un renouveau significatif est apporté à la dramaturgie avec l'apparition des «théâtres de poche». Ils n'ont pas nécessairement tous contribué à renouveler le jeu, si l'on regarde par exemple deux de ceux qui furent fondés en 1954, soit l'Anjou qui monte surtout des boulevards (mais joue, en novembre 1958, *les Épiphanies* d'Henri Pichette, Robert Gadouas, Dyne Mousso et Pichette lui-même), et l'*Amphitryon*, où Patrick Antoine risque pourtant un premier Ionesco (*la Leçon*, 1955) avec, encore, Dyne Mousso (sœur cadette de Muriel Guilbault) et des décors du peintre automatiste Jean-Paul Mousseau. D'emblée, la dimension exiguë des nouvelles salles, qui n'ont parfois pas cinquante places, démystifie, permet des audaces de contenu que les grandes salles ne facilitent guère.

La première troupe importante parmi les théâtres de poche est celle des Apprentis-Sorciers[20], fondée en 1954. Les Apprentis, prenant un temps la relève des Compagnons de Saint-Laurent, optent pour l'anonymat et jouent du Brochet et du Ghéon. Au début, leur rayonnement ne dépasse guère celui des cercles d'amis et d'étudiants. D'autres théâtres de poche surgissent, ce sont le Théâtre de Quat'Sous de Paul Buissonneau et le Théâtre de Dix-Heures de Jacques Languirand, en 1956. Ce sont ces petits groupes qui, les premiers, «dépaysent» systématiquement un public mal habitué aux essais dramatiques. Le Théâtre de Dix-Heures se fait surtout remarquer par un essai d'écriture automatique de Languirand, *les Insolites*, par *En attendant Godot* de Beckett, joué par des étudiants du Conservatoire (dont Albert Millaire), et par une mise en scène «artaudienne» des *Bonnes* de Jean Genet, signée Marcel Sabourin, ancien étudiant de l'École du T.N.M.

La transformation se fait très vite. En 1957, on voit surgir des petites salles partout. Deux théâtres d'été, l'un à Percé et l'autre à Sainte-Adèle, au Chanteclerc de Paul Hébert (qui rentre du Old Vic). Deux autres à Québec: la Fenière dans une grange de

---

20. Voir Lise Hétu, «Les Apprentis-Sorciers», *la Grande Réplique*, n° 12, 1981, p. 1-76.

l'Ancienne-Lorette, et l'Estoc, dans une espèce de remise près du Château Frontenac (l'Estoc devenant ensuite un théâtre de saison). Les étudiants s'emparent de ces salles, tant comme acteurs que comme spectateurs. En 1958, par exemple, on en retrouve beaucoup au Petit Théâtre de la Basoche à Québec, au Studio du Théâtre-Club de la rue Saint-Luc à Montréal et à la Poudrière de l'Île Sainte-Hélène. On en retrouve aussi à l'Atelier de Sherbrooke en 1960.

L'écrivain qui émerge particulièrement à cette période, à part le Dubé de *Florence* et des *Beaux Dimanches*, est Jacques Languirand. Ce dernier, qui a étudié le théâtre à Paris avec Charles Dullin, au début des années 60, prend des libertés inhabituelles avec la logique dans *les Insolites*, ou encore avec la respectabilité dans *le Roi ivre* et *les Violons de l'automne*. Mais il faut dire que le théâtre de France n'a pas beaucoup plus d'audace que le théâtre québécois à cette époque: Brecht ne revient sur la scène française qu'en 1951, au T.N.P. de Jean Vilar avec *Mère Courage*, un an après la première création d'Arthur Adamov par le même Vilar et celle d'Eugène Ionesco par Nicolas Bataille.

Les Apprentis-Sorciers entreprennent leur carrière publique en 1958, sous la direction de Jean-Guy Sabourin, assisté de Rodrig Mathieu et Robert Singher. Avec les Saltimbanques[21], un groupe dissident des Apprentis-Sorciers, ils allaient se faire remarquer surtout par le renouvellement du répertoire et les libertés de mise en scène obligées en partie par l'exiguïté de leurs salles. Plus durable que les autres, ce mouvement (malgré une scission qui devait se résorber au bout de cinq ans) a su former un nouvel auditoire. Le public lui doit d'avoir réduit l'écart qui séparait la production avant-gardiste d'ici de celle du monde occidental (on joue Adamov, Beckett, Betti, Brecht, Gatti, Genet, Kleist, Synge, Weingarten, Wittlinger). Il lui doit aussi d'avoir réduit l'écart qui séparait le texte du jeu, d'avoir favorisé l'apparition chez lui d'écrivains «scéniques». Il est remarquable, par exemple, que Pierre Perrault rode *Au cœur de la rose* et *Vent d'est (C'est l'enterre-*

---

21. Voir Michel Vaïs, «Les Saltimbanques (1962-1969)», *Jeu*, n° 2, printemps 1976, p. 22-44.

ment...) chez les Apprentis, Roger Huard, *Pile*, et Michel Tremblay, *Maouna* (dans le collage *Messe noire* mis en scène par André Brassard) chez les Saltimbanques.

Il reviendra à un autre «théâtre de poche» de faire la preuve qu'il y a de la place, à Montréal, pour un «répertoire» tout aussi avant-gardiste mais généralement plus structuré: l'Égrégore, fondé par Françoise Berd et Jean-Paul Mousseau (1959). Ce théâtre, dont le nom fait référence au livre *Égrégores* du surréaliste Pierre Mabille, se fait remarquer par ses préférences pour Jarry, Rimbaud et Artaud. Quand on y joue Tchekhov, on choisit *Ce fou de Platonov*; quand on présente *Pélican*, *Magie rouge* ou *Fin de partie*, c'est dans les décors de Mousseau. Quand on donne une création québécoise, c'est un genre de psychodrame, *Qui est Dupressin?*, de Gilles Derome, celui qui a écrit un des premiers manifestes québécois pour le théâtre. Les décors sont du même Mousseau. Les théories artaudiennes occupent donc une bonne place.

L'expérience des théâtres de poche, qui vont se multipliant, amorce un certain éclatement, une certaine crise du théâtre au Québec qui commençait à peine à s'habituer à la stabilité institutionnelle. À un répertoire trop sage, trop «objectif» peut-être, les théâtres de poche opposent le nouveau théâtre[22] tout comme on propose, en d'autres salles, le nouveau cinéma.

Conclusion: Du théâtre de la crise à la crise du théâtre

La crise du théâtre québécois survient au moment où toutes les valeurs sont remises en question, en même temps que la politique passe de la droite de Maurice Duplessis au centre-gauche de

---

22. Voir Michel Bélair, *le Nouveau Théâtre québécois*, Montréal, Leméac, «Dossiers», 1973; Jean Hamelin, *le Renouveau du théâtre au Canada français*, Montréal, Éd. du Jour, «les Idées du Jour», 1961.

Jean Lesage. Il s'opère de profonds changements de structures sociales qu'on n'hésite pas aujourd'hui à considérer comme préparés par la subversion culturelle d'un groupe de chorégraphes (Jeanne Renaud, Françoise Riopelle, Françoise Sullivan), de comédiens, dramaturges et poètes (Claude Gauvreau, Roland Giguère, Muriel Guilbault, Gilles Hénault, Dyne Mousso, Thérèse Renaud), de musiciens (Pierre Mercure, Gabriel Charpentier, Graham Cournoyer) et de peintres, sculpteurs et scénographes (Marcel Barbeau, Pierre Gauvreau, Fernand Leduc, Jean-Paul Mousseau, Jean-Paul Riopelle) pour ne mentionner que quelques-uns de ceux qui frayaient autour de l'auteur de *Refus global*, Paul-Émile Borduas.

La création tant attendue d'un ministère québécois de la Culture et celle, inespérée, d'un ministère de l'Éducation, allaient avoir des conséquences directes et indirectes sur le théâtre. En même temps, des subventions fédérales allaient permettre, en 1960, la création d'une École nationale de théâtre par Jean Gascon sur le modèle que Michel Saint-Denis avait hérité de Jacques Copeau. L'année 1963 marque l'apparition d'un autre type d'instance pédagogique, la fondation par Gilles Pelletier et Françoise Graton de la Nouvelle Compagnie Théâtrale, tout entière vouée à la formation du public adolescent.

Dans cette période de crise, toutes les questions sont posées et le compas montre ostensiblement une transition d'Artaud à Brecht. Quand les Treize, de l'Université Laval, jouent Brecht (*la Bonne Âme de Se-tchouan*), à la fin de leur saison de 1960-1961, et quand les Apprentis-Sorciers font de même au début de la saison suivante (septembre 1961, *Homme pour homme*), on voit paraître dans les journaux toute une série d'articles qui montrent à quel point les critiques sont «dérangés» (sauf Jean Basile)[23]. Les interrogations du public, dans la mesure où Brecht y est pour

---

23. Pas moins de six articles dans le seul quotidien *le Devoir*, entre le 22 juillet et le 22 novembre 1961, signés par quatre critiques différents qui s'interrogent sur la liberté et l'engagement au théâtre (d'autant plus que même le très sérieux T.N.M. décide de fêter son dixième anniversaire en jouant *l'Opéra de quat'sous* (ses animateurs avaient vu présenter un Brecht par le Berliner Ensemble à Paris en 1955).

quelque chose, allaient se poursuivre avec la mise en scène du *Cercle de craie caucasien* (en anglais) par les étudiants de l'Université McGill (mars 1962) et de *Maître Puntila et son valet Matti* chez les Apprentis-Sorciers (saison 1963-1964).

C'est à cette époque qu'intervient la création de centres d'essai qui allaient faire la synthèse des recherches de la nouvelle génération de gens de théâtre. Il y eut d'abord le Centre canadien d'essai de l'École des beaux-arts où Janou Saint-Denis présenta certains des «objets dramatiques» de Gauvreau en 1958. C'est pour ce Centre que Marcel Sabourin mit des pièces de Jacques Ferron au programme du Studio d'essai (1958-1959). Le Centre canadien d'essai se vit doter d'une revue, les *Cahiers d'essai*, par Natan Karczmar, au tournant des années 60. On vit surtout apparaître, en 1965, le Centre d'essai des auteurs dramatiques. Le public québécois doit à ce Centre, dont Jean-Claude Germain fut longtemps le secrétaire, des lectures publiques inoubliables qui allaient contribuer à donner un minimum de structure — ne serait-ce que par la jonction au Théâtre d'Aujourd'hui de certains de nos théâtres de poche — au côté théâtral de la révolution dite tranquille.

Le théâtre des années 1930-1965 au Québec se trouve donc à avoir répondu à une partie des attentes de la période précédente en offrant au public québécois ses premières institutions stables, sinon nationales. Toutes les troupes fondées à cette époque n'ont pas duré, loin de là, mais même celles qui ont disparu avaient parfois fait l'effet d'être des prolongements de troupes existantes ou de s'être fondues entre elles pour donner naissance à d'autres.

Cette époque est par ailleurs le temps des premières modernités. Qu'on pense, côté scénographie, à l'affirmation violente de soi que constituent les costumes et les décors d'Alfred Pellan pour *Madeleine et Pierre* d'André Audet en 1945 ou *le Soir des rois* de Shakespeare en 1946; qu'on pense aux premières salles transformables. Côté dramaturgie, il faut noter cette position très neuve de Claude Gauvreau prônant pour le théâtre non seulement l'écriture automatique, mais une écriture qui, au lieu de prétendre transcrire les images d'un rêve préalable, créerait sur place, sur papier, sur scène, des personnages, des mots, des gestes. On observe également des renouvellements de la mise en scène où on nous fait découvrir coup sur coup les théories de Gémier, de Copeau, d'Artaud et de Brecht.

Il y a une tension que le milieu du théâtre ressent devant toutes ces découvertes presque simultanées et contradictoires, mais cette tension, cette crise, aura permis de voir d'un seul coup toutes les heures du monde.

Comédie en trois actes créée au Théâtre Stella le 22 mars 1955; texte. Montréal, Éd. Albert Lévesque, «la Scène», 1935, frontispice.

Comédie en trois actes créée au *Little Theatre d'Ottawa*, en 1936; programme de la production du Théâtre Impérial, Ill. de Lomer [Mercier-] Gouin.

Contes (1961) dont l'auteur a tiré une pièce inédite en quatre actes: *l'Enquête.*

OLLIVIER MERCIER GOUIN

JEU DE MASQUES

LE CERCLE DU LIVRE DE FRANCE

Programme d'une œuvre inédite (texte et musique de Lomer [Mercier-] Gouin créée au Gesù le 11 février 1950.

Le Soir des rois, de William Shakespeare, par les Compagnons de Saint-Laurent; au Gesù, 21 mars 1946. Décors et costumes d'Alfred Pellan. (Photo: Laurier Péloquin).

MALURON

Programme de la deuxième de Félix Leclerc qui a été créée par les Compagnons de Saint-Laurent au Gesù, le 8 mars 1947.

Éditions, apparemment tirées du journal *le Bavard*, présentées sous une jaquette de papier Bond, blanches, illustrées de la main de l'auteur et datées de 1942 (*Un soir de mascarade*) et 1943 (*Goulot reçoit le coup de foudre*). Une critique de cette dernière paraît dans *la Presse* du 17 mai 1941, p. 48.

Estelle Mauffette dans le rôle de Donalda Laloge.
(Photo: Henri Paul)

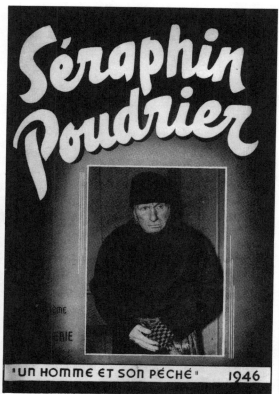

Programme de la troisième *Paysannerie* de Claude-Henri Grignon, créée au Monument national le 26 mai 1946. Sur la photo: Hector Charland dans le rôle de Séraphin. (Photo: Henri Paul).

Pièce en trois actes créée au Monument national le 22 mai 1948. Programme. (Photo: Henri Paul)

Muriel Guilbault, Gratien Gélinas, Yvette Huot et Clément Latour dans *Tit-Coq*. Photo tirée de l'édition originale, Montréal, Beauchemin, 1950.

CLAUDE GAUVREAU et T. J. MAECKENS

vous invitent

à un spectacle de

THEATRE MODERNE

où seront joués

UNE PIECE SANS TITRE

de T. J. MAECKENS

avec

LISE GUYOT
GILLES HENAULT
JEAN SAINT-DENIS
YVES LASNIER
TAMAR
ANDRE POULIOT
JEAN-PAUL MOUSSEAU

MISE-EN-SCENE DE L'AUTEUR
DECOR ET COSTUMES DE MARCEL BARBEAU

et

BIEN-ETRE

de CLAUDE GAUVREAU

avec

MURIEL GUILBAULT
CLAUDE GAUVREAU
ANDRE POULIOT
T. J. MAECKENS
et GUY DUBREUIL au piano

MISE-EN-SCENE DE L'AUTEUR
COSTUMES DE MAGDELEINE ARBOUR
DECOR DE PIERRE GAUVREAU

REALISATION TECHNIQUE de MAURICE PERRON

Pour cette première manifestation d'une forme dramatique nouvelle, il y aura une représentation unique qui ne sera pas très longue et sera strictement privée. Elle aura lieu mardi le 20 mai 1947; au Congress Hall, 454 ouest, rue Dorchester; à 8 h. 30 p.m. Cette lettre tient place d'invitation.

Afin d'amortir une partie des dépenses nécessaires à la réalisation adéquate du spectacle, les spectateurs sont libres de fournir une contribution.

R.S.V.P.   75 OUEST, RUE SHERBROOKE, Appartement 5   HArbour 2623

Claude Gauvreau dans *Bien-être*. (Photo: Maurice Perron)

116

Jean Coutu et Robert Gadouas dans *Songe d'une nuit d'été*, de William Shakespeare, par l'Équipe, dans les jardins de l'Ermitage, en août 1945. Photo tirée de Jean Béraud, *350 ans de théâtre au Canada français*, Montréal, CLF, 1958.

Frontispice de l'édition originale (1961). Création au Théâtre de la Place Ville-Marie, le 11 janvier 1966.

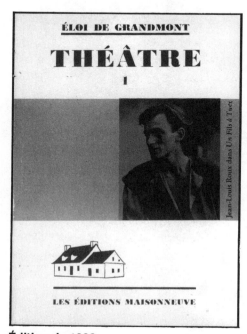

Édition de 1968.

Affiche de 1951.

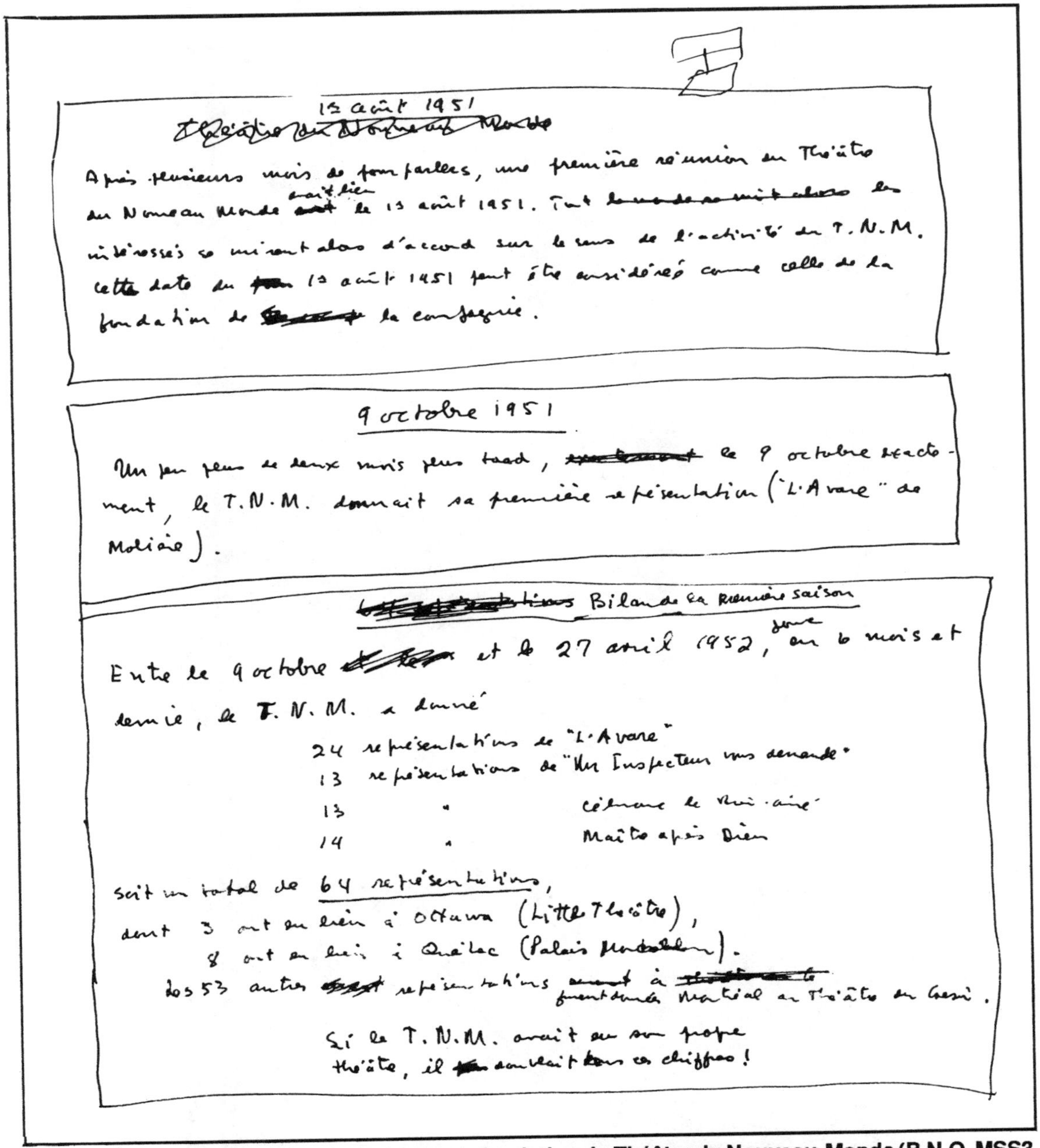

13 août 1951

Après plusieurs mois de pourparlers, une première réunion au Théâtre du Nouveau Monde avait lieu le 13 août 1951. Tout le monde se mit alors les intéressés se mirent alors d'accord sur le sens de l'activité du T.N.M. Cette date du 13 août 1951 peut être considérée comme celle de la fondation de la compagnie.

9 octobre 1951

Un peu plus de deux mois plus tard, le 9 octobre exactement, le T.N.M. donnait sa première représentation ("L'Avare" de Molière).

Bilan de la première saison

Entre le 9 octobre et le 27 avril 1952, soit en 6 mois et demi, le T.N.M. a donné

     24 représentations de "L'Avare"
     13 représentations de "Un Inspecteur vous demande"
     13   "   Célimare le Bien-aimé
     14   "   Maître après Dieu

soit un total de 64 représentations, dont 3 ont eu lieu à Ottawa (Little Theatre), 8 ont eu lieu à Québec (Palais Montcalm). Les 53 autres représentations au Théâtre du Gesù.

Si le T.N.M. avait eu son propre théâtre, il aurait ces chiffres!

Notes d'Éloi de Grandmont, secrétaire, sur la fondation du Théâtre du Nouveau-Monde (B.N.Q. MSS3 TNM, bte 1).

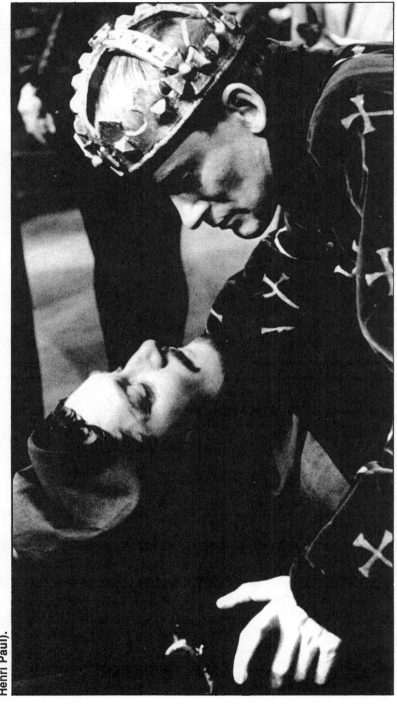

Jean Gascon et Jean-Louis Roux dans *Richard II* de William Shakespeare, au TNM, 1962. Dans *Forces*, n° 5, 1984, p. 20. (Photo: Henri Paul).

Choeur d'*Oreste*, d'Eschyle, au TNM (saison 1960-1961). (Photo: Henri Paul).

122

Ce soir on improvise de Luigi Pirandello, au Rideau Vert, 16 octobre 1968. (Photo: Guy Dubois).

Songe d'une nuit d'été, au Rideau Vert, saison 1964-1965. (Photo: Guy Dubois).

Jacques Ferron

La barbe

de

FRANÇOIS HERTEL

ÉDITIONS D'ORPHÉE

Pièce éditée en 1951.

Le cheval de Don Juan

PIÈCE EN 3 ACTES

JACQUES FERRON

Pièce éditée en 1957.

LA CATHÉDRALE

pièce en deux parties et un épilogue de
JEAN DESPREZ

Cette pièce sera annoncée d'abord pour une semaine, à compter du mardi 25 octobre, après un mois et demi de répétitions et trois générales sur le plateau du Monument National, les 19, 20 et 24 octobre. Il y aura matinées, mais on y interdira l'entrée des enfants.

Pourquoi présenter "**La Cathédrale**" le "?

"Parce que je crois le moment venu d'interrompre mon travail de critique, pour m'offrir maintenant à la critique. Parce que l'organisation de ma vie radiophonique me donne maintenant plus de liberté. Parce que je crois que ma pièce est mûre pour la présentation, que je l'aime, et que j'ai foi en son sujet. Parce qu'enfin, j'ai pour la défendre, la plus belle, la plus étonnante distribution jamais groupée sur un plateau à Montréal!" Voilà les raisons

que Jean Desprez nous donnait, à la conférence de presse.

Le titre "La Cathédrale", dont elle fit quatre versions, surgit un jour où elle entendait "La Cathédrale Engloutie" de Debussy. La première version destinée au t'éâtre, la deuxième au cinéma, la troisième jetée sur papier en 1947 et la quatrième, celle que nous verrons bientôt cet été. Les versions sont identiques quant au fond. C'est la forme qui est modifiée.

Vingt-deux têtes d'affiche font partie de la distribution: Roger Garceau, Henri Poitras, Albert Duquesne, Pierre Durand, François Lavigne, Jean Scheller, Jean Duceppe, Maurice Gauvin, Roland D'Amour, Paul Colbert, Robert Rivard, Jean-Claude Robillard, Mesdames Antoinette Giroux, André Basilières, Denyse Pelletier, Gisèle Schmidt, Denyse

Saint-Pierre, Colette Dorsay et Janine Sutto.

La figuration : les pensionnaires du Studio-Quinze.

La recette de la première représentation sera offerte à la D.A.C.H. en vue de préparer la Noël des grands blessés de guerre.

Avec un tel auteur, une telle distribution "La Cathédrale" ne manquera sûrement pas de marquer un point important dans la carrière du théâtre CANADIEN.

Deux autres Canadiens nous présentent cet automne deux œuvres nouvelles. "La Cathédrale", de Jean Desprez, (deuxième de gauche sur la photo) sera jouée au Monument National vers la fin octobre, tandis que "Un fils à tuer" d'Eloi de Grandmont (troisième de gauche), tient présentement l'affiche au Gesù.

De gauche à droite: Léopold Houlé, de la Société Royale, Jean Desprez, Eloi de Grandmont et Jean-Louis Roux, metteur-en-scène et comédien récemment revenu de Paris, réunis au Cercle des Journalistes lors du cocktail offert par l'auteur de "La Cathédrale".

13

Tiré de Serge Brousseau, «La vie intense de Jean Desprez», dossier, octobre 1949, p. 13.

Frontispice de l'édition originale, 1956.

Décor de Robert Prévost pour *Zone*, créée par La Jeune Scène au Théâtre des Compagnons de Saint-Laurent, le 23 janvier 1953; photo: Jean Valade. Photo tirée de Jean Béraud, *350 ans de théâtre au Canada français*, Montréal, CLF, 1958.

Esquisse de décor pour *le Temps des lilas* de Marcel Dubé; pièce créée par le TNM à l'Orphéum, le 25 février 1958. (Photo tirée du programme).

Frontispice de l'édition originale, Québec, Institut littéraire de Québec, 1965. Création de la pièce à la Comédie canadienne, le 20 octobre 1960.

Programmes des Apprentis-Sorciers à la Boulangerie. Coll. B.N.Q., fonds Rinfret.

Avril 1961

Novembre 1961

Automne 1964

Montréal, Beauchemin, 1964; illustrations
de Claude Sabourin. Création de la version
télévisée à Radio-Canada, le 30 novembre
1958; à la scène, chez les Apprentis-
Sorciers, le 7 février 1963.

Montréal, les Apprentis-Sorciers, novembre
1961. Textes recueillis par Madeleine Greffard; illustrations de Pierre Moretti. Création
en novembre 1961 chez les Apprentis-Sorciers.

Programmes des Saltimbanques, coll. B.N.Q., fonds Rinfret.

Saison 1965-1966, pièce de Romain Weingarten

Saison 1963-1964, pièce de Karl Wittlinger

Saison 1963-1964

Le Théâtre des Saltimbanques, angle des rues Notre-Dame-du-Bonsecours et Saint-Paul. (Photo tirée de *Jeu*, **n° 2, printemps 1976).**

jacques languirand

Les Insolites
et
Les Violons de l'automne

Édition du Cercle du Livre de France, 1962. *Les Insolites* a été créée par la Compagnie de Montréal, au Gesù, le 9 mars 1956; *les Violons* au Théâtre-Club, le 5 mai 1961.

présente

DE JACQUES LANGUIRAND

Programme; coll. B.N.Q., fonds Rinfret.

Jean-Claude Rinfret, 1956.

133

Saison 1959-1960.

Programme du Théâtre de l'Égrégore, coll. B.N.Q., fonds Rinfret.

Saison 1961-1962.

Denise Morelle et Marcel Sabourin dans *Ubu-Roi* d'Alfred Jarry, à l'Égrégore. Tirée du programme rétrospectif de 1963. (Photo: Reynald Rompré).

Jean-Louis Millette et Jacques Godin dans *Fin de partie* de Samuel Beckett. Tirée de Jean Hamelin, le *Théâtre au Canada français*.

Pièce en cinq tableaux. 1955.

Pile, du même auteur, est publiée aux Éditions de l'Arc et sera créée chez les Saltimbanques en 1964.

Édition de 1962. *Qui est Dupressin* a été créée à l'Egrégore en 1962.

Denise Morelle et Marcel Sabourin dans *Ubu-Roi* d'Alfred Jarry, à l'Égrégore. Tirée du programme rétrospectif de 1963. (Photo: Reynald Rompré).

Jean-Louis Millette et Jacques Godin dans *Fin de partie* de Samuel Beckett. Tirée de Jean Hamelin, le *Théâtre au Canada français*.

Pièce en cinq tableaux. 1955.

Pile, du même auteur, est publiée aux Éditions de l'Arc et sera créée chez les Saltimbanques en 1964.

Eugène
CLOUTIER
LE DERNIER BEATNIK
Théâtre
•
Gilles
DEROME
QUI EST DUPRESSIN?
Théâtre
•
Adèle
LAUZON
CUBA
•
Marie-Claire
BLAIS
•
François
BARCELO
•
Jacques
FONTAINE
•
Andrée
MAILLET

Édition de 1962. *Qui est Dupressin* a été créée à l'Egrégore en 1962.

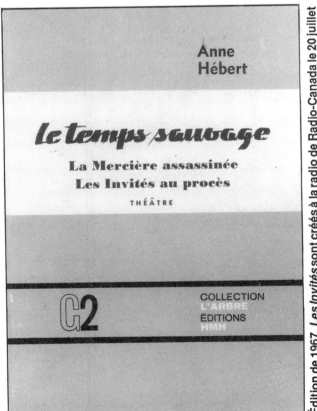

Édition de 1967. *Les Invités* sont créés à la radio de Radio-Canada le 20 juillet 1952; *la Mercière* à la télévision de Radio-Canada à l'été de 1958; *le Temps sauvage* par le TNM, Palais Montcalm, 8 octobre 1966.

Édition de 1968. Création au Gesù le 21 mars 1950 et à la radio de Radio-Canada le 3 mai 1953.

Programme. On annonce *les Grands Départs*, de Languirand, créée à la télévision de Radio-Canada le 1ᵉʳ octobre 1957.

Programme rétrospectif du cinquième anniversaire (1960-1964).

Théâtre - Cinéma - Spectacles

Le théâtre d'été de Ste-Adèle, fondé et dirigé par M. Paul Hébert, engage sa deuxième saison de façon magistrale. Florent Forget, sur notre cliché, dirige les comédiens dans "Isabelle et le Pélican", agréable comédie dont le succès à Ste-Adèle correspond à celui de sa carrière parisienne qui dure depuis trois ans. "Six personnages en quête d'auteur" alterne à l'affiche, offrant le contraste d'une pièce apparemment lâche mais riche de substance. Ce soir à 9h., "Isabelle et le Pélican", demain soir: "Six personnages en quête d'auteur", et ainsi de suite durant le mois d'août. L'alternance des spectacles permet aux amateurs des Laurentides et du théâtre de [...] deux jours en voyant deux spectacles.

La Compagnie Escale à Percé donnera tout le mois d'août une série de spectacles au Centre d'art de cette ville. [...] sentations ont lieu les mardis, vendredi, samedis et dimanches. Le photographe Zarov, dans ce groupe significatif, [...] grande variété de la programmation tout en signalant la qualité des interprètes, tous avantageusement connus du [...] réalais. Il s'agit de Georges Groulx (Feu la mère de Madame), Lucille Cousineau (Le printemps de la St-Martin), [...]etier (Un caprice), Louis Cusson (La plus forte, de Strinberg), Denise Provost (L'homme au parapluie, de [...] Guy Provost (La fleur à la boucle de Pirandello).

Clôture de la saison théâtrale

A Laval-sur le-Lac

La saison estivale du théâtre de Laval-sur-le-Lac s'est termi née samedi soir dernier par un spectacle qui dépassait encore l'éclat des précédents présentés tous les samedis soirs à cet endroit.

Samedi soir dernier, on avait le plaisir d'applaudir Mlle Simone Flibotte, M. Albert Duquesne, Mlle Murielle Millard, le danseur Jean-Paul, M. André Treich et plusieurs autres.

On est présentement à transférer le siège social de cette organisation à Montréal pour la saison d'hiver qui s'ouvrira à la fin d'octobre.

M. Mario Duliani, ex-directeur du M.R.T. Français dirige le "Théâtre de Laval-sur-le-Lac".

Les premiers théâtres d'été en milieu estival de Laval-sur-le-Lac (1947), Sainte-Adèle (1956) et Percé (1957). Il y eut cependant celui de l'Hôtel Bélair, à Sainte-Pétronille (Isle d'Orléans), où on joue *le Coeur n'a pas d'âge* de Mlle Casgrain, le 30 juillet 1907. Le plus ancien, en ville, est celui de la rue Champlain (Québec) où on présente du Shakespeare à l'été de 1852.

Programmes du Théâtre de L'Estoc, de Québec, en 1963 (?) et 1965.

Un nouveau territoire théâtral

1965-1980

par Gilbert David

En 1965, pendant que le Québec continuait d'absorber les nombreuses réformes de la Révolution tranquille, la génération du *baby boom* d'après-guerre, alors dans la jeune vingtaine, s'apprêtait à bousculer l'ordre des choses et, son nombre aidant, à remettre en cause les valeurs traditionnelles repoussées comme «canadiennes-françaises»[1]. Une autre conscience collective, aiguillonnée par le changement des mœurs et des mentalités, allait ainsi innerver une société qui était, par ailleurs, en pleine phase de rattrapage culturel et qui s'ouvrait avec passion aux exigences liées à la modernisation de son fonctionnement.

Ce contexte inhabituel de mutations socioculturelles, conjuguées à l'émergence d'un nationalisme radical qui vise l'indépendance du Québec, va trouver plus d'un écho dans la pratique théâtrale durant une période qui, sur le plan politique, s'ouvre avec l'adoption d'un drapeau canadien par le gouvernement fédéral en 1965 (ou, si l'on préfère, avec la signature, cette même année, des premières ententes franco-québécoises en matière d'éducation et de culture) et qui se clôt avec l'échec de la stratégie du Parti québécois, en regard de son option de souveraineté-association, lors du référendum de 1980. Durant ces quinze

---

1. La revue *Parti pris*, fondée en 1963, parallèlement au premier Front de libération du Québec (F.L.Q.), allait amorcer un tel virage idéologique.

années, riches en événements tant politiques que culturels, le théâtre s'affirme au point de devenir un référent essentiel de la culture québécoise moderne en voie de constitution. C'est que le théâtre, plus que toute autre pratique artistique, a la faculté de donner à voir le monde tel qu'il va dans la chaude immédiateté de son expression, et qu'il peut, dans une période où la collectivité cherche à se redonner la parole et à s'affirmer, être une précieuse caisse de résonnance de ses appels et de ses rêves — d'autant plus, dirait-on, si cette collectivité a subi des humiliations et si elle porte des blessures mal cicatrisées...

On ne pourra pas rendre justice ici à tous les artisans et à tous les aspects d'une période marquée par un mouvement sans précédent d'émancipation à la fois sociopolitique et théâtral. L'historien, devant le théâtre contemporain, ne saurait se départir d'une certaine prudence, surtout lorsqu'il a été lui-même non seulement un témoin oculaire, mais aussi, à l'occasion, un sujet directement engagé dans l'activité théâtrale. Cette prudence nous conduira à pointer des problématiques; plutôt que de viser à une impossible exhaustivité, notre regard visera à faire comprendre et à mettre en valeur des éléments différenciateurs. Nous nous concentrerons donc sur ce qui change, sur des points de rupture, des facteurs de mutation[2]. Ce faisant, nous chercherons à attirer l'attention sur des problèmes d'interprétation, tout en construisant une perspective de lecture[3]; celle-ci ne peut être que provisoire dans l'état actuel des recherches: trop peu d'études spécifiques et

---

2. Nous nous permettons de renvoyer le lecteur à notre article «Les mille et une nuits du théâtre au Québec: visions, merveilles et désenchantements» (dans *le Monde selon Graff*, Montréal, Éditions Graff, 1987, p. 605-622) pour une analyse globale de la dramaturgie et de la pratique théâtrale au cours des vingt dernières années. La périodisation retenue pour la troisième partie du présent ouvrage, c'est-à-dire de 1965 à 1980, nous a poussé à aborder des dimensions plus circonscrites dans le temps et à mettre l'accent sur des éléments qui relèvent plus directement de l'Institution théâtrale dans son développement comme dans son fonctionnement même.

3. Nous souhaitons que notre texte soit lu, tout affirmatif qu'il soit souvent, comme un ensemble de pistes de réflexion et d'hypothèses de recherche, susceptibles par conséquent de connaître des prolongements analytiques et des élargissements, notamment en ce qui concerne le théâtre en région.

de monographies[4], lesquelles permettent de déblayer le terrain sur lequel peut ensuite s'édifier une histoire générale rigoureuse, empêchent d'aller au-delà d'un repérage des faits les plus marquants, d'une caractérisation sommaire des dimensions artistiques et structurelles qui nous sont apparues fondamentales.

Le réaménagement du territoire théâtral: une démocratisation sauvage

Bien que l'on puisse faire du théâtre n'importe où, y compris à l'extérieur, il ne fait pas de doute que l'activité dramatique ne peut se structurer durablement et développer des publics qu'à partir de lieux identifiables et spécialisés, de théâtres dotés idéalement des équipements qui favorisent la performance des artistes et qui permettent une rencontre adéquate entre ceux-ci et des spectateurs. Sous ce chapitre, le Québec et, plus particulièrement Montréal, qui compte en 1965 plus d'un million d'habitants, accusent un net déficit, comparés à d'autres collectivités en Occident. Si quelques compagnies ont alors pignon sur rue, le théâtre a pour le moins un statut marginal dans la Cité: les cinémas y abondent alors que la dizaine de lieux théâtraux qui sont en opération, par exemple à Montréal, sont vétustes ou non accessibles à la production de spectacles professionnels — le National, le Gesù, le Monument National, l'Orphéum[5] — présentent des conditions de représentation plutôt limitatives (plateau étroit, dégagements restreints, etc.) — le Théâtre du Rideau Vert, la Poudrière, le Théâtre de l'Égrégore[6], le Théâtre de Quat'Sous — ou sont tout simplement des locaux de fortune, fermés régulièrement du reste

---

4. Trop peu de recherches, en fait, dans un contexte universitaire où les études théâtrales restent le parent pauvre, qui de la littérature, qui des savoir-faire scéniques...

5. Ce lieu, occupé par le Théâtre du Nouveau Monde depuis sa fondation en 1951, sera démoli en 1967.

6. Ce théâtre disparaît en 1968.

par le Service des incendies. Seule exception, la Comédie-Canadienne (ex-Gayety, acheté et rénové par Gratien Gélinas en 1958) apparaît comme un navire amiral entouré d'une flotille assez mal en point. À cet égard, la situation dans la ville de Québec et ailleurs en province n'est guère plus reluisante.

Pourtant, deux dynamismes parallèles vont bientôt corriger un tant soit peu cet état de fait et déboucher sur une plus grande visibilité du théâtre: celui qu'engendrent, d'une part, les initiatives gouvernementales et, d'autre part, celui qui provient des impulsions plébéiennes de la collectivité qui multiplie de façon sauvage les lieux de représentation.

Ainsi, à Montréal seulement, entre 1967 et 1980, plus de quinze nouveaux théâtres, de toutes dimensions et qualités architecturales[7], seront construits ou aménagés, pour tenter d'absorber tant bien que mal le flot d'une production saisonnière qui quadruple durant le même intervalle[8]. Le centenaire de la Confédération et l'Exposition universelle «Terre des Hommes», qui vont avoir lieu en 1967, entraînent la construction de plusieurs théâtres, avec des fonds provenant des divers paliers gouvernementaux: il y aura à Montréal les Salles Maisonneuve et Port-Royal de la Place des Arts (auxquelles s'ajoutera en 1978 le Café de la Place) et l'Expo-Théâtre à la Cité du Havre. Par ailleurs, à l'échelle de la province, la construction d'un nombre important de centres culturels — souvent pourvus d'une salle de spectacles rudimentaire — va favoriser la diffusion de productions régionales et métropolitaines. Un peu plus tard à Québec, l'inauguration du Grand Théâtre en 1971 coïncide avec la fondation du Théâtre du Trident

---

7. Pour une réflexion critique sur les lieux théâtraux contemporains, voir l'article de Gilles Marsolais, «Dites-moi où l'on vous loge... — Réflexions amères sur les lieux théâtraux», dans *Jeu*, n° 42, 1987.1, p. 9-18.

8. Jean Hamelin, dans *le Renouveau du théâtre au Canada français* (Montréal, Éditions du Jour, 1961) dénombrait quelque 30 spectacles professionnels à avoir pris l'affiche à Montréal en une saison, au début des années soixante; vingt ans plus tard, il faut parler de plus de 120 productions théâtrales par saison. À la grandeur du Québec, à la fin des années soixante-dix, on a pu estimer, en y incluant les productions estivales, à plus de 300 les spectacles théâtraux présentés annuellement.

qui y occupe le plus petit de ses deux plateaux, dans la Salle Octave-Crémazie, ce qui assure au public de la capitale provinciale une production théâtrale régulière de haut niveau.

D'autres investissements gouvernementaux et privés permettront l'aménagement à Montréal de nouveaux lieux: deux compagnies anglophones occupent respectivement le Saidye Bronfman Center en 1967, puis le Centaur où se trouvent deux salles, en 1969; le Théâtre du Nouveau Monde prend possession en 1971 de la Comédie-Canadienne (après avoir été locataire du Port-Royal à partir de la saison 1967-1968); à son tour, la Compagnie Jean Duceppe signe un bail à long terme pour la Salle Port-Royal à partir de 1975; la Nouvelle Compagnie Théâtrale, délogée du Gesù qui cesse d'être une salle de spectacles, se porte acquéreur du cinéma Granada, dans l'est de la métropole, et inaugure en 1977 le Théâtre Denise-Pelletier, puis en 1978, la Salle Fred-Barry; les propriétaires du Patriote obtiennent des fonds substantiels pour construire un théâtre, à partir d'un ancien bureau de poste, qui s'ouvre en 1980 sous le nom de Comédie-Nationale.

Les universités francophones et certains cégeps de Montréal contribuent également à l'expansion du parc immobilier à vocation théâtrale[9]; même si de telles salles sont d'abord affectées à un usage interne, néanmoins elles accueillent avec une certaine régularité des spectacles de compagnies professionnelles. On assiste à un phénomène similaire ailleurs sur le territoire québécois avec les réseaux combinés des cégeps, des polyvalentes et des composantes régionales de l'Université du Québec.

Les producteurs théâtraux, à but lucratif ou non, ouvrent de leur côté quantité de nouveaux lieux, souvent avec les moyens du bord, à Montréal, à Québec et dans différents centres de villégiature alors que se multiplient les théâtres d'été tout au long des

---

9. Après le Centre d'essai de l'Université de Montréal qui ouvre en 1970, l'Université du Québec à Montréal ajoute en 1979 à la Salle du pavillon Lafontaine les Salles Marie-Gérin-Lajoie et Alfred-Laliberté de son nouveau pavillon Judith-Jasmin. En outre, le cégep du Vieux-Montréal fait construire une salle de spectacles, le Tritorium, qui est inauguré en 1976.

années soixante-dix[10]. En 1967, Gilles Latulippe fonde le Théâtre des Variétés, rue Papineau à Montréal. Plus au sud, encore rue Papineau, la réunion éphémère des Apprentis-Sorciers, des Saltimbanques et du Mouvement Contemporain permet l'année suivante l'ouverture du Centre du Théâtre d'Aujourd'hui, lequel existe toujours. Le Vieux-Montréal est, pour sa part, un endroit de prédilection pour plusieurs jeunes compagnies qui y installent vaille que vaille des théâtres de poche: L'Eskabel, de 1971 à 1978, avant de nicher dans un ancien cinéma de la Pointe-Saint-Charles, Les Voyagements, de 1975 à 1978[11] et le Théâtre Expérimental de Montréal à la Maison Beaujeu, de 1975 à 1979. À partir de 1973, l'Association des sculpteurs du Québec prête son local, Le Conventum, rue Sanguinet, à des groupes expérimentaux; cette salle devient un théâtre d'une centaine de places en 1977 et permet à plusieurs jeunes compagnies d'y faire leurs premières armes. En 1975, au premier étage d'un immeuble situé rue Saint-Laurent près de la rue Ontario, s'ouvre le minuscule Théâtre de la *Main* — qui n'aura pas une longue existence. Un groupe d'artistes de différentes disciplines et des concepteurs scéniques loue en 1977, rue Laurier est, une école désaffectée de la Commission des écoles catholiques de Montréal et y aménagent une salle, L'Atelier Continu. Du côté de Québec, deux salles de dimensions modestes, le Théâtre du Petit Champlain[12] et le Théâtre de la Bordée, s'ajouteront au Théâtre du Vieux-Québec (1967) durant les années soixante-dix et accueilleront les productions de jeunes compagnies; de plus, à l'initiative du comédien Jean-Marie Lemieux, le Théâtre du Bois de Coulonge, logé sous une tente, débute ses activités exclusivement estivales en 1977.

---

10. Dans son étude sur *le Marché québécois du théâtre* (Québec, Institut québécois de recherche sur la culture, 1982), François Colbert établit que les théâtres d'été sont passés de 7 en 1965 à plus de 40 en 1980 (voir son tableau, p. 35).

11. Mais *Broue*, un spectacle fait de sketches, qui connaîtra dans les années quatre-vingt le succès que l'on sait, sera créé par les Voyagements en 1979 dans un petit théâtre d'une soixantaine de places portant le nom de cette compagnie, rue Saint-Laurent, au nord de Laurier.

12. Un théâtre aurait déjà existé à cet endroit dès 1852.

Des cafés-théâtres font également leur apparition et viennent soutenir les essais de plusieurs jeunes créateurs: à Montréal et dans la périphérie métropolitaine, on aura Les Fleurs du Mal, L'Ex-Tasse, le Café Nelligan, Le Funambule, le Café de la Place [des Arts], Le Horla (Saint-Bruno) et Le Pont-Tournant (Belœil); à Québec, on trouvera Le Hobbit, Le Zinc et le Café Rimbaud.

La production théâtrale, durant la période qui nous occupe, a donc, par son ampleur même, nécessité la création de nombreux points d'ancrage à partir desquels elle puisse rayonner. Certains lieux, on le constate aujourd'hui sans peine, auront été plus durables que d'autres... Mais l'observateur ne peut manquer d'être frappé par cette soudaine multiplication des scènes. Il est tentant d'y voir la manifestation d'une espèce de démocratisation sauvage de la culture[13] — les théâtres ne sont-ils pas des lieux publics où la liberté est souveraine? — en même temps que les efforts légitimes d'une nouvelle génération de comédiens pour se faire connaître.

L'existence de lieux n'exclut pas le nomadisme, choisi ou subi, des compagnies; en effet, la majorité des nouvelles compagnies font de la tournée et n'ont pas de lieu fixe; de plus, leurs spectacles ne sont pas toujours, loin s'en faut, présentés dans de «vrais» théâtres — c'est le cas, notamment, pour les nouvelles compagnies de théâtre pour enfants qui produisent presque toujours leurs spectacles dans les écoles primaires — habituellement dans le gymnase, mais parfois même dans une classe.

Par ailleurs, l'abondance relative des lieux théâtraux peut masquer la fragilité des moyens scéniques mis à la disposition des artistes. Si le théâtre y gagne en souplesse et en invention, le public, lui, doit souvent s'accomoder de mauvaises conditions matérielles de réception et les créateurs, de plateaux rudimentaires, comparés à ce qu'offrent (ou peuvent s'offrir) les scènes officielles. En revanche, une telle dissémination des lieux de représentation a certainement secoué la réputation, faite au théâtre, d'être

---

13. Voir sur cet aspect du développement de l'activité théâtrale l'article d'Hélène Beauchamp, «Essai sur l'importance stratégique du Jeune Théâtre... dans le processus de démocratisation du théâtre au Québec», dans *Chroniques*, n° 29 - 32, Montréal, automne 1977 — hiver 1978, p. 246-261.

un art élitaire, réservé à un public endimanché. De sorte que le théâtre qui naît à la fin des années soixante et qui se développe tout au long des années soixante-dix a une grande souplesse d'intervention et il n'hésite pas à aller à la rencontre des spectateurs, pour ainsi dire sur leur terrain. De leur côté, les citoyens s'emparent du théâtre et y coulent leurs attentes et leurs revendications; à cet égard, le théâtre d'amateurs connaît un essor remarquable et il est, d'une manière notoire, un terreau où se cultivent des talents qu'absorberont les écoles professionnelles de formation et les universités[14].

De la sorte, l'offre des nombreux producteurs, en saison régulière comme en été, dans des lieux consacrés ou dans des locaux sans prétention, crée une demande. Une forte fièvre théâtrale s'empare de la population québécoise. Les publics se développent et se diversifient. En quinze ans à peine, le théâtre de création, pour ne pas dire le théâtre tout court, est ainsi passé, en termes statistiques, du statut de phénomène quasi marginal à celui d'une pratique artistique intégrée, solidement implantée dans la société francophone[15].

---

14. À la fin des années soixante, la création des polyvalentes et des cégeps qui offrent des cours de théâtre, contribue à stimuler l'engouement pour les activités scéniques et à préparer une nouvelle génération à la fréquentation des théâtres. Par ailleurs, l'ouverture d'options théâtre au Cégep Lionel-Groulx (1968) et au Cégep de Saint-Hyacinthe (1969) de même que la création de mineurs en théâtre dans différentes universités (Université de Montréal, Laval, UQAC) et celle de baccalauréats spécialisés (UQAM, 1969; Sherbrooke, 1972) vont remodeler le paysage de la formation théâtrale et multiplier les candidats à une carrière dans les métiers de la scène. Ajoutons que ces différents lieux de formation joueront un rôle important dans la mise en valeur de la création dramatique.

15. Les résultats de deux sondages, *Participation des Québécois aux activités de loisirs* (Gouvernement du Québec, Haut Commissariat à la jeunesse, aux loisirs et aux sports, catalogue A-1-6-1978) et *le Comportement des Québécois en matières d'activités culturelles de loisir* (CROP, 1979), donnaient un taux respectif de fréquentation du théâtre de 37,1% et de 29,6%, avec une estimation du niveau de demande qui se situait entre 4 et 6,5 millions d'entrées par année. François Colbert qui rapporte ces données dans l'étude déjà citée (p. 48) estime, à partir de chiffres fournis par le ministère des Affaires culturelles, la demande réelle pour la saison 1978-1979 à 1,5 millions d'entrées — en incluant les théâtres d'été, mais en excluant les théâtres pour enfants qui auraient touché de leur côté autour de 700 000 jeunes spectateurs — (p. 47 et 84). L'écart entre la demande estimée par les sondages et l'estimation de la demande réelle à laquelle parvient l'auteur de l'étude peut s'expliquer, en toute hypothèse, par la pratique des amateurs.

Aussi, la première image qui s'impose pour tenter de décrire l'activité théâtrale de 1965 à 1980 est celle d'un cyclotron, car la société québécoise fonctionne alors à la manière d'un accélérateur de particules dramatiques et scéniques. Durant quinze ans, le théâtre vit dans le tourbillon incessant des fondations de compagnies et d'organismes, dans les chocs des créations et des expérimentations, ce qui provoque une féconde confrontation de styles et d'orientations esthétiques. Le tableau qu'on trouvera en annexe donnera une idée de l'ampleur du phénomène en détaillant comment une nouvelle génération de créateurs investit massivement le champ de la pratique théâtrale: le décompte fait à partir de cet inventaire, sans aucun doute partiel, donne le chiffre considérable de 86 compagnies à être entrées en activité en quinze ans; à ce nombre, il faut tout de suite ajouter une bonne trentaine de théâtres d'été qui ne figurent pas dans cette liste. Une telle prise d'assaut du théâtre par autant de nouvelles compagnies qui privilégieront très largement la création plutôt que le répertoire, entraînera le balayage de l'espace symbolique que véhiculait le théâtre jusque-là.

Nouvelles tendances de l'activité théâtrale

Devant une telle poussée de jeunes compagnies, au milieu d'une telle effervescence, marquée il est vrai par une certaine volatilité[16] — bien caractéristique d'une époque de bouleversements socioculturels —, les gouvernements qui avaient entrepris depuis peu de temps de subventionner l'activité théâtrale, sont rapidement débordés. Malgré un soutien étatique déficient, la productivité théâtrale n'en paraît pas souffrir[17]. Les théâtres déjà

16. En effet, des groupes naissent puis meurent après quelques essais ou quelques années; d'autres groupes, plus durables, connaissent de fréquents changements de leurs membres, voire des directions nouvelles.

17. Notons ici que des programmes fédéraux de création d'emplois comme Perspectives-Jeunesse et P.I.L. (Projets d'initiatives locales) vont permettre, dans les années soixante-dix, de lancer de nombreuses aventures théâtrales.

établis ou qui seront bientôt institués — des francs-tireurs parmi les jeunes compagnies ne tarderont pas à les accuser d'être «institutionnels» et complices de l'*establishment* — s'accomodent de cette «concurrence» impétueuse et contestataire; leur existence n'est certes pas mise en péril, mais leur capital symbolique est sérieusement questionné dans une conjoncture qui connaît de nombreuses fluctuations mais à la faveur de laquelle, toutefois, la recherche du nouveau et l'anti-autoritarisme deviennent des signes de ralliement.

Les théâtres considérés par l'État comme majeurs et qui sont soutenus en conséquence, n'en demeurent pas moins très dynamiques; d'abord, leur nombre augmente — d'à peine quatre qu'ils étaient en 1960, ils sont plus de dix à la fin des années soixante-dix, ce qui accentue leur rayonnement et consolide leur poids dans l'ensemble théâtral; ensuite, ce sont d'importants employeurs, capables de perpétuer des savoir-faire et des traditions artistiques qui ont fait leurs preuves, en plus d'être des producteurs-diffuseurs qui rejoignent de larges publics. Les compagnies solidement implantées comme le Théâtre du Rideau Vert, le Théâtre du Nouveau Monde et le Théâtre de Quat'Sous, et les plus récentes comme le Théâtre Populaire du Québec, la Nouvelle Compagnie Théâtrale, la Compagnie Jean Duceppe et, à Québec, le Théâtre du Trident et le Théâtre du Bois de Coulonge sont garantes du professionnalisme tel qu'il s'est façonné dans la décennie d'après-guerre[18]. C'est également dans le prolongement de la période précédente que ces compagnies — à l'exception du Théâtre d'Aujourd'hui, comme on le verra plus loin — axent principalement leurs programmations sur les répertoires classique, moderne et contemporain; à travers elles, quantité d'œuvres majeures du théâtre mondial sont jouées au Québec pour la première fois, dans des productions qui obtiennent avec constance la faveur du public et de la critique: des pièces exigeantes de Claudel, de O'Neill, de Pirandello, de Brecht, de Williams, de Miller, de Ionesco, de Fo côtoieront des œuvres tirées du grand répertoire classique (Calde-

---

18. À ces compagnies québécoises, il faudrait ajouter le Théâtre français (1970) du Centre national des Arts à Ottawa, qui participe des mêmes objectifs artistiques.

ron, Shakespeare, Molière, Racine, Marivaux, Beaumarchais, Musset, Rostand, Feydeau, etc.) et moderne (Ibsen, Strindberg, Jarry, Tchekhov, Vitrac, etc.). Le pratique théâtrale du Québec s'approprie de la sorte de larges pans de l'histoire de la dramaturgie occidentale.

Cependant, si le processus de légitimation des pratiques théâtrales canadiennes-françaises — à partir de l'apparition d'une activité professionnelle francophone dans les années 1890 — était passé essentiellement par la Norme française, pour ne pas dire parisienne[19], à partir de 1965 s'amorce un net renversement où s'entremêlent trois tendances fondamentales: 1. Une impulsion autarcique à travers laquelle se manifestent la volonté de s'affranchir des modèles français dominants et, conséquemment, l'objectif de fonder ici et maintenant une théâtralité — et non seulement une dramaturgie — authentiquement québécoise; 2. La recherche d'anti-modèles, qui fonctionne comme un appel d'air et par laquelle se complète l'assimilation de l'expérience moderniste européenne (et non plus strictement hexagonale)[20]; 3. Une inclination pour le théâtre américain, en particulier celui qui était né, dans les années soixante, de la contestation à l'endroit de l'*american way of life*, mais aussi, parallèlement, une attirance pour les formules américaines d'efficacité sur les plans culturel et théâtral.

---

19. Rappelons que, dès la fin des années quarante, un Gratien Gélinas s'était élevé contre de tels usages; voir, en particulier, son discours «Pour un théâtre national et populaire», prononcé à l'Université de Montréal le 31 janvier 1949 et publié dans *Amérique française*, n° 3, 1949, p. 32-42.

20. Cette recherche avait débuté avec le mouvement des Automatistes en 1948. En ce qui concerne la pratique théâtrale, notamment la mise en scène, j'ai avancé ailleurs la thèse que jusqu'aux années soixante, nous étions en présence d'une modernité tronquée; voir mon article «La mise en scène actuelle: mise en perspective», dans *Études littéraires*, «Théâtre québécois: tendances actuelles», vol. 18, n° 3, Québec, Presses de l'Université Laval, hiver 1985, p. 53-71.

1. L'impulsion autarcique et le déploiement de la créativé dramaturgique

La première tendance théâtrale à émerger et à livrer bataille à la légitimité régnante a ni plus ni moins accompagné le courant politique que nous désignerons comme néo-nationaliste, pour le distinguer du nationalisme canadien-français traditionnel. Ce faisant, elle s'est trouvée à lier son destin pour une large part à l'échéancier politique — à son actualité — et à l'accomplissement du programme indépendantiste qui en est le pivot. Mais ce courant néo-nationaliste, comme on sait, n'a pas été homogène: s'y retrouvaient des radicaux de gauche et des sociaux-démocrates, des modérés (ou étapistes, une tendance qui fut dominante au Parti québécois) et une droite qui a eu, par exemple avec les Chevaliers de l'Indépendance d'un Reggie Chartrand, des nostalgies fascisantes.

À cet égard, le triple objectif politique énoncé par les animateurs de la revue *Parti pris* entre 1963 et 1968, à savoir «indépendance, laïcité et socialisme», s'est vite disloqué en factions antagonistes, aux forces d'attraction inégales. Il ne fait pas de doute, par exemple, que le militantisme de gauche où les groupuscules marxistes-léninistes furent très actifs[21], a alimenté des polémiques sur le front de l'art, dont le théâtre, et a favorisé la naissance d'un hiatus entre l'objectif souverainiste (attaqué comme idéologie de diversion par rapport à la lutte des classes) et les positions anti-capitalistes, sinon socialistes.

Le théâtre, dans ce contexte d'agitation politique, s'est prêté à de multiples engagements. Le premier en importance, par le nombre des praticiens et des groupes qu'il a impliqués et par son rayonnement, fut le théâtre de l'identité québécoise, lequel s'est voulu le fer de lance d'une affirmation collective et d'une «décolonisation» culturelle. Cette entreprise de rupture par rapport aux attitudes traditionnelles s'est concrétisée en un certain nombre de

---

21. Sur cette problématique militante, voir *L'Avant-garde culturelle et littéraire des années 70 au Québec*, sous la direction de Jacques Pelletier, coll. «Les Cahiers du Département d'Études littéraires», n° 5, Université du Québec à Montréal, 1986.

refus: rejet de la résignation et du masochisme ataviques du Canadien français, sublimés religieusement dans «l'esprit de sacrifice»; refus des représentants de la culture (et du théâtre) d'origine étrangère, notamment française, qui sont désignés comme hautains, méprisants et contraires à l'épanouissement de pratiques artistiques authentiques; rejet de l'«Occupant» anglo-canadien qui est accusé d'avoir engendré l'aliénation économique, politique et culturelle des Québécois.

Pour procéder à une telle cure de désaliénation collective, le nouveau théâtre entend d'abord miser sur l'écriture dramatique, mais aussi sur de nouvelles approches du jeu et sur l'instauration de nouveaux rapports scène/salle. Dès 1965, avec la fondation du Centre d'essai des auteurs dramatiques, il apparaît que l'élan libérateur prend sa source dans l'émergence d'une génération d'auteurs dramatiques qui se reconnaissent une vision politique et une fonction critique communes. À plus d'un titre, on doit attribuer à Jean-Claude Germain un rôle crucial dans l'élaboration et l'instauration de cet autre cadre théâtral; comme critique, animateur, auteur dramatique, directeur de compagnie et pédagogue[22], il procède à un examen décapant de l'activité théâtrale contemporaine, en s'en prenant particulièrement à ceux qu'ils désignent sous l'appellation ironique de «fils du père Legault»...

La création des *Belles-Sœurs* de Michel Tremblay au Théâtre du Rideau Vert en août 1968 vient en quelque sorte cristalliser une prise de conscience: le rapport au monde instauré par le théâtre, pour être réel, non mutilant, et pour qu'il puisse avoir une résonnance dans la collectivité, se doit dorénavant d'affirmer sa québécité par son regard, ses thèmes, ses personnages et son langage. La dramaturgie de Tremblay sert alors de détonateur à une prise en charge inédite de la réalité sociale et culturelle, et elle a

---

22. On retrouve notamment Jean-Claude Germain comme directeur du C.E.A.D. de 1968 à 1971; il est aussi, à partir de 1971, à la tête des Enfants de Chénier et des P'tits Enfants Laliberté, deux groupes de jeunes comédiens qui multiplient les créations, avant qu'il ne devienne en 1973 le directeur artistique du Théâtre d'Aujourd'hui qui se consacre à la défense et à l'illustration de la création dramatique; en 1975, Jean-Claude Germain, déjà professeur à l'École nationale de Théâtre depuis quelques années, y devient le responsable d'une section d'écriture dramatique.

un indéniable effet d'entraînement, particulièrement en ce qui concerne l'utilisation de la langue populaire sur scène.

D'autres groupes, par exemple le Théâtre du Vieux-Québec (1967) et le Théâtre Quotidien de Québec (1970) ou La Rallonge (1973) et La Manufacture (1975) à Montréal vont s'inscrire dans la mouvance d'une redéfinition de la dramaturgie nationale et de la théâtralité. Mais il existe aussi un autre versant dramaturgique qu'emprunte un grand nombre de compagnies naissantes: la création collective. Le phénomène est majeur et il est sans précédent dans l'histoire du théâtre au Québec: à partir de 1965[23], dans toutes les régions du Québec, se met en branle un mouvement de prise de parole dramatisée qui se veut égalitaire et populaire. Certes, la majorité des créations collectives est le fait de groupes d'amateurs, mais cette particularité ne nuit en rien, au contraire, à l'impact que cette pratique a sur l'ensemble de la population, en répercutant dans tous les milieux les thèmes et les préoccupations de l'heure, tout en jetant les bases d'une démocratisation culturelle à même l'expression de centaines de citoyens qui cherchent ensemble à donner un sens à leur destinée collective ou, plus modestement, à préserver un lieu d'échanges qui soit à l'échelle humaine alors que la société subit les multiples bouleversements de la modernisation technocratique.

Deux groupes vont bientôt se démarquer et connaître une diffusion nationale: le Grand Cirque Ordinaire (1969-1977)[24] et le Théâtre Euh! (1970-1978)[25]; le premier est montréalais, le

---

23. La création de *Klondyke* de Jacques Languirand en 1965 au Théâtre du Nouveau Monde est présentée comme une création collective; même si le fonctionnement de l'équipe Gascon-Languirand-Charpentier s'apparente à celui de certaines créations collectives des années ultérieures, ce ne sont pas ici les comédiens improvisateurs qui étaient la source du matériau dramaturgique comme ce fut largement le cas pour les créations collectives présentées entre 1965 et 1974; durant cette seule période, Fernand Villemure a pu dénombrer pas moins de 415 créations collectives à l'échelle du Québec (cf. son article, «Aspects de la création collective au Québec», dans *Jeu*, nº 4, Montréal, hiver 1977, p. 57-71.).

24. Voir le dossier consacré à cette compagnie dans *Jeu*, nº 5, Montréal, Quinze, printemps 1977, p. 3-103.

25. Voir l'ouvrage de Gérald Sigouin, *Théâtre en lutte: le Théâtre Euh!*, Montréal, VLB éditeur, 1982.

second est de Québec; l'un est libertaire, indépendantiste et vaguement socialisant; l'autre est d'abord nationaliste, puis il adopte un point de vue prolétarien. Les deux groupes disparaîtront presque en même temps, non sans avoir quelques héritiers. À travers l'évolution de ces deux compagnies, il est possible de repérer les tiraillements idéologiques dont la création collective est le lieu privilégié. En elle, en effet, se condensent et entrent en contradiction les revendications les plus différentes mais qui ont toutes à voir avec ce que ses agents rêvent pour le Québec. En ce sens, la création collective sert de révélateur et se propose comme mise à l'épreuve de plusieurs projets de société concurrents qu'on ne saurait unifier sans effets réducteurs. Cependant il faut reconnaître que l'étude approfondie de ce mouvement aux objectifs émancipatoires reste à faire. Contentons-nous ici d'indiquer que la création collective s'est montrée plus radicale que moins dans ses rapports à la société québécoise des années soixante-dix, avec des groupes comme les Gens d'en Bas (1973) à Rimouski, le Théâtre du Sang [Cent] Neuf (1973) à Sherbrooke, le Théâtre Parminou (1973) à Québec (puis à Victoriaville), le Théâtre communautaire du Sud-Ouest (1975) à Valleyfield et, à Montréal, le Théâtre d'la Shop (1974), le Théâtre de Quartier (1975) et le Théâtre à l'Ouvrage (1978). De tels groupes ont voulu ainsi faire coïncider le plus possible leur fonctionnement artistique et leurs idéaux sociopolitiques. Pourtant, à l'exception du Théâtre Parminou, aucune de ces troupes, quand elles existaient encore, n'a pratiqué la création collective au-delà de 1980. Retenons cependant que cette intense aventure de la création collective a permis de travailler de part en part le corps social et de donner une image instantanée de la société en train de muer.

Par ailleurs, la remise en cause des valeurs traditionnelles — particulièrement celles rattachées à la famille et à la religion chrétienne — et les revendications nationalistes ont été accompagnées — et, à certains égards, nourries — par un important mouvement d'émancipation des femmes. Sans être directement liée à la question nationale — quoiqu'il s'agisse là d'une recherche parallèle d'identité —, l'accentuation, parfois agressive, de la présence des femmes dans l'activité théâtrale est un aspect fondamental de la période 1965-1980. Là encore, la création collective aura été un véhicule important de l'auto-conscientisation des femmes: par exemple, le Grand Cirque Ordinaire produira *Un prince, mon jour viendra* (1974), un spectacle conçu et réalisé par un collectif de femmes; plusieurs groupes féminins, notamment le Théâtre des Cuisines (Montréal, 1973-1981), le Théâtre des Filles du Roy (Hull, 1976), la Commune à Marie (Québec, 1978) et le Théâtre Expérimental des Femmes[26] (1979), vont être formés à seule fin de théâtraliser des points de vue féministes. Ce courant est renforcé par une dramaturgie où les femmes sont des personnages de premier plan dans des pièces signées par des hommes — que l'on songe aux *Belles-Sœurs* de Michel Tremblay ou à *Quatre à quatre* de Michel Garneau —, mais aussi avec les œuvres dramatiques de femmes qui contribuent ainsi à rééquilibrer un domaine largement dominé jusqu'alors par des hommes. Les Anne Hébert, Françoise Loranger, Marie-Claire Blais, Antonine Maillet, Michèle Lalonde, Denise Boucher, Élizabeth Bourget, Louisette Dussault, Jeanne-Mance Delisle, France Vézina, Jocelyne Beaulieu et Marie Laberge auront ainsi été partie prenante du renouveau dramaturgique.

L'écriture dramatique connaît en fait un essor extraordinaire. Aux côtés des Michel Tremblay, Michel Garneau, Robert Gurik, Jean Barbeau et Jean-Claude Germain qui sont très prolifiques et touchent d'importants publics, plusieurs jeunes (et moins jeunes) auteurs font aussi leur marque: Réjean Ducharme, Roland Lepage, Serge Sirois, André Ricard, Sauvageau [pseudonyme d'Yves Hébert] et Louis Saia. La vague de fond est telle que les théâtres établis dont les programmations, on l'a déjà noté, restent dominées par les répertoires étrangers, portent à la scène un bon nombre de nouveaux textes; mentionnons, parmi les créations qui, outre les *Belles-Sœurs*, ont fait date: *les Grands Soleils*[27] de Jacques Ferron (Théâtre du Nouveau Monde, 1968), *La guerre,*

---

26. Ce théâtre est né d'une scission au sein du Théâtre Expérimental de Montréal (1975) où s'était formée une cellule féministe particulièrement active autour de la comédienne Pol Pelletier.

27. Cette pièce a été publiée en 1958.

yes sir! de Roch Carrier (T.N.M., 1970), *Médium saignant* de Françoise Loranger (Comédie-Canadienne, 1970), *À toi, pour toujours, ta Marie-Lou* de Michel Tremblay (Théâtre de Quat'Sous, 1971), *Ben-Ur* de Jean Barbeau (Théâtre Populaire du Québec, 1971), *la Sagouine* d'Antonine Maillet (Théâtre du Rideau Vert, 1971), *Les oranges sont vertes* de Claude Gauvreau (T.N.M., 1972), *la Vie exemplaire d'Alcide 1er, le pharamineux, et de sa proche descendance* d'André Ricard (Théâtre du Trident, 1972), *Les fées ont soif* de Denise Boucher (T.N.M., 1978) et *HA ha!... [Ah! Ah!]* de Réjean Ducharme (T.N.M., 1978).

Le théâtre pour jeunes publics connaît de son côté un regain de créativité. Après le Théâtre pour Enfants de Québec (1967-1970), le Théâtre de l'Arabesque (1968-1973), le Théâtre des Pissenlits (1968-1984) qui, avec le secteur jeunesse (1967-1979) du Théâtre du Rideau Vert, constituent un premier bloc de producteurs, viennent des compagnies qui rompent avec l'approche classique du théâtre pour enfants, caractérisée par des sujets fantaisistes et des traitements scéniques où le merveilleux le dispute à la drôlerie. À partir de 1973, profitant sans doute du climat ambiant de recherche et d'expérimentation, plusieurs compagnies vont explorer d'autres dimensions de l'imaginaire enfantin ou tendront à situer le monde de l'enfance dans ses interactions et ses conflits avec l'univers des adultes. Le Théâtre de la Marmaille et le Théâtre de Carton, fondés en 1973, Le Carrousel (1975), le Théâtre du Gros Mécano [Les Productions pour enfants de Québec], et L'Arrière-Scène, fondés en 1976, le Théâtre des Confettis (1977) développent de nouvelles théâtralités; d'autres compagnies, aussi inventives, comme le Théâtre du Sang Neuf (1973), le Théâtre de Quartier (1975) et le Théâtre Petit à Petit (1978) partageront leurs activités entre les publics de jeunes et d'adultes. Stimulés par les commandes de ces jeunes compagnies, des auteurs de talent comme Marie-Francine Hébert, Louis-Dominique Lavigne, Suzanne Lebeau et Gilles Gauthier ont contribué à l'émergence d'une dramaturgie pour enfants, un domaine jusque-là peu fréquenté.

En 1974, un premier festival de théâtre pour enfants a lieu à Longueuil; il sera organisé, dès l'année suivante, par l'Association québécoise du Jeune Théâtre où se retrouve déjà la majorité des compagnies «jeunes publics»; cet organisme permet à ces compagnies de se concerter et de confronter régulièrement leurs approches théâtrales et, en créant ainsi entre elles un esprit de solidarité, il facilite la reconnaissance par l'État de ce secteur d'activités en pleine expansion[28].

2. *La recherche d'anti-modèles: un théâtre d'avant-garde*

On a pu constater jusqu'à maintenant que la période 1965-1980 a été propice à l'affirmation vigoureuse de la créativité dramaturgique dans un contexte social dominé par la question nationale et marqué par la prise en compte des aliénations que l'Histoire et l'évolution socioculturelle du peuple québécois y avaient déposées. Le théâtre a donc été un sismographe particulièrement sensible et, symétriquement, un amplificateur des perturbations et des secousses qui ont affecté l'ensemble des valeurs et des croyances propres à la collectivité; la création dramaturgique a ainsi joué à fond sa fonction spéculaire: elle a réfléchi, quelquefois avec des lentilles grossissantes, la réalité du moment.

Parallèlement à cette tendance où les agents étaient engagés dans la clarification d'enjeux culturels et sociopolitiques immédiats, un théâtre de recherche se préoccupe de questions plus formelles. Cette option expérimentale s'attaque à un programme qui vise implicitement à combler les trous laissés par une première phase d'assimilation de la modernité scénique qui avait pris appui sur des réformateurs français de l'Entre-deux-guerres comme Copeau, le Cartel des Dullin, Pitoëff, Baty et Jouvet, puis sur des principes de jeu et d'animation culturelle inspirés du travail théâtral d'un Jean Vilar ou du Old Vic de Londres. Pour les représentants du théâtre de recherche de cette époque, tout se passe comme si la restitution de l'imaginaire scénique à lui-même ne pouvait se faire sans incorporer à la pratique théâtrale des apports qui avaient été ignorés ou négligés par leurs prédécesseurs. Des

---

28. Voir *Le Théâtre pour enfants au Québec: 1950-1980* de Hélène Beauchamp, Montréal, Hurtubise HMH, «Cahiers du Québec Collection Littérature», 1985.

praticiens-théoriciens comme Appia, Craig, Meyerhold, Artaud et Brecht sont maintenant l'objet d'une attention particulière, ce qui provoque des choix inédits. Des créateurs européens contemporains — Étienne Decroux, Jerzy Grotowski et Eugenio Barba — inspirent des expériences québécoises. Mais cette appropriation, pour être féconde, a dû inventer sa propre ligne de risque. Dès lors, le théâtre de recherche d'ici s'est ouvert à de multiples explorations, notamment sur les plans du jeu corporel, de l'espace éclaté, de la multidisciplinarité, etc.

Ce courant avant-gardiste est annoncé par des expériences de théâtre total faisant appel à divers médias: le groupe Image et Verbe (1964-1969), *Équation pour un homme actuel* (1967) de Pierre Moretti, réalisé par les Saltimbanques et, entre 1967 et 1970, les spectacles d'environnement du sculpteur Maurice Demers[29]. Ensuite, on voit naître des compagnies qui multiplieront les recherches tout au long des années soixante-dix, et au-delà: Omnibus (1970), L'Eskabel (1971)[30], le Groupe de la Veillée (1973), Carbone 14 (fondée d'abord sous le nom Les Enfants du Paradis, 1975), le Théâtre Expérimental de Montréal (1975; il devient en 1979 le Nouveau Théâtre Expérimental) et Opéra-Fête (1979). Il résulte de ce bouillonnement un public fervent qui soutient des essais théâtraux qui ne peuvent qu'être inégaux, mais dont l'invention et la richesse expressive commandent le respect. Au demeurant, ce théâtre encore marginal est pluriel: s'y combinent et s'y opposent nombre de principes qui sont le lot du jeune théâtre d'après-68 un peu partout en Occident; par le biais d'une constante émulation, les groupes expérimentaux se mettent en situation de faire de nets sauts qualitatifs — ce que confirmeront, au demeurant, les années quatre-vingt.

29. Sur les expériences de Maurice Demers, voir les remarques que lui consacre Michel Bélair dans son essai *Le Nouveau Théâtre québécois* (Leméac, 1973), p. 82-90.

30. Voir le dossier sur cette compagnie dans *Jeu*, n⁰ 14, Montréal, 1980, p. 43-78.

3. L'américanité du théâtre québécois

Dans «Le Québec et l'américanité», l'essai qui accompagne la publication de sa pièce *Klondyke*, Jacques Languirand s'interroge sur ce qu'il nomme «l'américanité refoulée» au Québec: «Se pourrait-il que le Canada français soit, dans une certaine mesure, anti-américain au plan du conscient et pro-américain au plan de l'inconscient[31]?» Dans le Québec de la fin des années soixante et des années soixante-dix, les États-Unis sont pourtant omniprésents: les échos de la guerre du Viêt-Nam et de l'opposition que ce conflit déclenche sur les campus universitaires, la lutte des Noirs pour leurs droits civiques, l'émergence d'un mouvement de libération *gay*, les communes contre-culturelles, les féministes américaines, la musique populaire et le psychédélisme, parmi tant d'autres aspects de l'histoire américaine contemporaine, déferlent par vagues sur la collectivité québécoise qui est alors particulièrement ouverte au changement. Si bien que l'on peut affirmer qu'en même temps que les Québécois s'affirmaient en refaçonnant leur identité culturelle, ils ne s'en américanisaient pas moins.

Cette américanisation est assez frappante en ce qui concerne l'activité théâtrale. D'une part, elle relève de l'imaginaire individuel et collectif qui prend acte de sa différence tout en assumant une coexistence continentale; à ce titre, elle participe en quelque sorte de l'air du temps. D'autre part, elle touche au mode même de production et de diffusion du théâtre qui emprunte à l'industrie culturelle de type américain, par exemple Broadway, ses critères artistiques et ses objectifs de rentabilisation. Malgré les efforts pour centrer l'activité théâtrale sur des problématiques strictement québécoises, il n'est pas sûr que le théâtre créé entre 1965 et 1980 n'ait pas opéré en même temps, comme en sous-main, un recentrement sur l'américanité. Sans doute, la barrière linguistique a-t-elle contenu l'influence américaine et empêché que la culture québécoise en soit une de pure inféodation, mais le mode de vie qui devenait celui du Québec a indéniablement participé (et

---

31. Jacques Languirand, *Klondyke*, Cercle du Livre de France, 1971, p. 236.

160

continue de participer) des valeurs liées à la société de consommation et à l'habitus de la *middle class* nord-américaine; cela n'a pas été sans impact sur les structures anthropologiques de l'imaginaire théâtral.

Sur le versant critique de l'influence américaine, le Living Theatre, le Bread and Puppet, la San Francisco Mime Troupe, le Performing Garage, sans oublier *Hair* et tant d'autres productions d'origine américaine, ont exercé leur part d'emprise sur plusieurs compagnies du Québec; des groupes comme La Quenouille Bleue, La Vraie Fanfare Fuckée[32] et L'Eskabel, aussi différents qu'ils soient, furent, par leur parti pris anarchiste, en rupture avec le mode de vie dominant et enclins à défendre les vertus libertaires de la marginalité.

D'une manière plus visible, peut-être, une part importante de l'activité théâtrale s'est américanisée en empruntant plusieurs formules à succès au théâtre commercial new-yorkais; par exemple, on remarquera que les comédies de situation à l'américaine, adaptées au contexte québécois, ont pratiquement remplacé les comédies de boulevard d'origine française dans les programmations des théâtres d'été. Autre exemple, la fondation en 1973 de la Compagnie Jean Duceppe[33] répondra à une demande latente pour une production théâtrale standardisée, misant sur des valeurs sûres et sur un certain *star-system* télévisuel, en s'identifiant au credo américain de l'*entertainment*; en ce sens, le succès continu de cette entreprise théâtrale auprès d'un large public constitue, en termes sociologiques, la force stabilisante majeure des années soixante-dix[34]. On peut donc voir la période 1965-1980 sous l'angle de l'américanité à la fois comme consolidation de la diffusion de produits spectaculaires de consommation et comme avènement

---

32. On trouvera un intéressant article de Gaétan Martineau sur ce groupe dans *l'Annuaire théâtral* no 3, Montréal, Société d'histoire du théâtre du Québec, 1987, p. 127-152.

33. Fondée en 1973 avec une charte à but lucratif, elle devient une compagnie à but non lucratif en 1975.

34. Il faudrait, bien sûr, étayer davantage cette assertion en examinant, entre autres, comment et pourquoi une partie significative de la programmation des compagnies instituées a pu participer de cette tendance «culinaire».

d'une contre-légitimité théâtrale qui s'y oppose en se réclamant de la nécessité de la recherche artistique et de la critique radicale de l'*american way of life*.

L'autoréflexivité de la pratique et l'Institution théâtrale

La polarisation que nous venons d'évoquer n'a pas été sans nourrir des confrontations et des débats, tout au long des années soixante-dix. C'est ici qu'il faut sans doute faire intervenir la production d'écrits dits secondaires et les initiatives organisationnelles qui ont marqué cette époque. Manifestes et périodiques, d'une part, associations, regroupements et festivals, d'autre part, auront alors été autant d'instruments de légitimation pour diverses pratiques théâtrales, permettant de mesurer ainsi une part de leur dynamisme au sein de l'Institution théâtrale.

Les manifestes et les textes programmatiques sont assez abondants, particulièrement entre 1965 et 1975[35]. Signalons au moins ici le texte percutant de Jean-Claude Germain, «Ce n'est pas le Mozart mais le Shakespeare québécois qu'on assassine[36]» et le premier des deux manifestes du Théâtre Euh![37], comme marques d'une nouvelle articulation entre pratique et théorie théâtrales. L'activité discursive parathéâtrale ne s'arrête pas à la prolifération de prises de position éclatantes; plusieurs revues vont commencer à paraître alors, prenant ainsi le relais de la production scénique: *Théâtre vivant* (1966-1969), les *Cahiers de la N.C.T.* [Nouvelle Compagnie Théâtrale] (1966), *l'Envers du décor* (T.N.M., 1968), *Théâtre/Québec* (C.E.A.D., 1969-1970), *Jeune Théâtre* (A.Q.J.T., 1971-1979), les Cahiers de théâtre *Jeu* (1976), *le Baro-*

---

35. On retrouvera plusieurs de ces textes dans *Jeu* n° 7, Montréal, hiver 1978, p. 7-92.

36. *L'Illettré*, vol. 1, n° 1, Montréal, janvier 1970, p. 2-4.

37. Paru sous le titre de «Le Manifeste» dans *Le Soleil* du 14 août 1971 et repris au mois d'octobre suivant dans le premier numéro de la revue *Presqu'Amérique*, p. 4.

que (L'Eskabel, 1976-1978), *Trac* (Théâtre Expérimental de Montréal, 1976-1978), *le Pays théâtral* (Théâtre d'Aujourd'hui, 1977-1982) et *la Grande Réplique* [*Pratiques théâtrales*] (Théâtre de la Grande Réplique/UQAM, 1977-1984). Ce que disent ces publications, au-delà de leurs positions éditoriales respectives, c'est une espèce d'état d'urgence qui pousse à nommer la réalité plurielle du théâtre en train de naître; en conséquence, comparée aux périodes antérieures, la réflexion sur le théâtre, par des gens de la pratique et par une nouvelle génération de critiques, n'aura jamais été aussi vivante ni aussi diversifiée.

Par ailleurs, le développement sauvage de l'activité théâtrale et la multiplication des compagnies entraînent certains mouvements de (re)structuration. La fondation en 1965 du Centre d'essai des auteurs dramatiques, un organisme démocratique géré par les dramaturges eux-mêmes, permet d'alerter l'opinion et d'animer le milieu théâtral par l'organisation de lectures publiques, de laboratoires d'écriture et par la diffusion efficace de la nouvelle dramaturgie dans le milieu théâtral. De son côté, l'Association canadienne du théâtre amateur (fondée en 1958) change de nom et d'orientation en 1972 en devenant l'Association québécoise du jeune théâtre[38]; par ses congrès, ses rencontres-carrefour, ses publications et ses festivals, cet organisme contribue à la popularisation du théâtre dans toutes les régions du Québec et favorise au tournant des années soixante-dix la politisation de l'acte théâtral; cette dernière attitude n'est pas sans bousculer son membership qui connaît des fluctuations; plusieurs jeunes compagnies sont d'ailleurs restées à l'écart des débats idéologiques qui ont traversé cet organisme, préférant faire cavalier seul[39]. Par contre, plusieurs nouvelles compagnies de théâtre «jeunes publics» auront su profiter des services et de l'encadrement technique de l'A.Q.J.T. pour raffermir leur présence dans le paysage culturel, notamment

---

38. Voir le numéro spécial consacré à l'A.C.T.A./A.Q.J.T. par les Cahiers de théâtre *Jeu*, n° 15, Montréal, 1980.2.

39. En 1977, une tentative de regroupement des jeunes compagnies non affiliées à l'A.Q.J.T., sous le nom d'Association des travailleurs et travailleuses du théâtre autonome-autogéré du Québec (A.T.T.A.Q), s'est avérée infructueuse.

à travers la tenue annuelle d'un festival à partir du milieu des années soixante-dix.

Entre 1965 et 1980, la situation de l'Institution théâtrale est devenue explosive. Les déficiences du soutien étatique, combinées à une politique culturelle jugée insatisfaisante par les jeunes compagnies qui sont maintenant majoritaires face aux compagnies établies, exacerbent les esprits. Le 13 septembre 1979, une trentaine de praticiens, représentant pour la plupart des jeunes compagnies, forment un comité dont le mandat sera de consulter tout le milieu sur la pertinence de tenir des États généraux du théâtre professionnel. De telles assises se tiendront finalement deux ans plus tard, venant de la sorte boucler la boucle d'une offensive commencée quinze ans plus tôt.

En 1980, l'Institution théâtrale qui a connu un développement rapide de ses activités et vécu des mutations profondes de ses pratiques, est aux prises avec une crise de croissance. La société québécoise a changé et, avec elle, le théâtre qui la désigne. La création dramatique nationale a fait un bond remarquable. Ce nouveau répertoire est joué avec constance et compétence, même s'il attend toujours, comme l'aurait souhaité un Jean-Claude Germain, de «s'inscrire dans le béton» d'un lieu théâtral de dimensions convenables, doté des moyens adéquats. De plus, la pratique théâtrale s'est enrichie de langages scéniques originaux et elle a participé au brassage des formes et des valeurs en s'attirant l'intérêt de publics dont le nombre global est en constante progression. Ainsi, sous plusieurs aspects, ces quinze années d'histoire théâtrale font figure de période charnière. Il semble qu'en 1980 la pratique théâtrale — à l'image de la société? — ait besoin de reprendre son souffle et de faire retour sur elle-même. L'activité théâtrale, en ayant connu une forte expansion en si peu de temps et en ayant acquis de nouvelles dimensions, tant sur le plan artistique que sur le plan de l'identité culturelle, peut désormais compter sur un statut symbolique qui l'empêche pour ainsi dire de régresser: le théâtre québécois est né et il s'est imposé; à travers lui, l'art dramatique fait, plus que jamais auparavant, partie intégrante de la Cité.

Annexe

TABLEAU CHRONOLOGIQUE DES FONDATIONS DE COMPAGNIES THÉÂTRALES[40] 1965-1980

1965

- Productions pour enfants de Québec (*) (Québec, †1970) [Pauline Geoffrion].

1966

- Le Mouvement Contemporain (†1969) [Jean Archambault, Jacques Desnoyers, André Brassard, Rita Lafontaine].

1967

- Saidye Bronfman Company (†1982).
- Théâtre de l'Arabesque (*) (†1973) [Serge Marois].
- Théâtre des Pissenlits (*) (†1984) [Jean-Yves Gaudreault].
- Théâtre des Variétés [Gilles Latulippe].
- Théâtre du Vieux-Québec [Jean Guy, n…].

1969

- Centaur Theatre Company
- Le Grand Cirque Ordinaire (†1977) [Paule Baillargeon, Jocelyn

---

40. Dans cette liste, à moins d'une mention contraire, les compagnies nommées sont montréalaises; de plus, le nom d'une compagnie suivi d'un astérisque entre parenthèses (*) indique qu'il s'agit d'une compagnie de théâtre pour enfants, alors que sans parenthèses, l'astérisque signifie que cette compagnie partage ses activités entre les publics d'adultes et d'enfants; quand ce nom est suivi de deux astérisques (**), il s'agit d'un théâtre de marionnettes. Cet inventaire, rappelons-le, ne revendique pas l'exhaustivité, ne serait-ce que parce qu'il exclut les nouveaux théâtres d'été.

Bérubé, Raymond Cloutier, Suzanne Garceau, Claude Laroche, Gilbert Sicotte et Guy Thauvette].
- Le Théâtre du Même Nom/Les Enfants de Chénier [Jean-Luc Bastien, Louisette Dussault, Odette Gagnon, Jean-Claude Germain, Nicole Leblanc, Gilles Renaud, Monique Rioux] (†1971).

1970

- La Quenouille Bleue (†1973)[Pierre Huet, Michel Rivard, n…].
- Omnibus (troupe de mimes) [Jean Asselin, Denise Boulanger].
- Le Théâtre Euh! (Québec, †1978) [Clément Cazelais, Marc Doré, n…].

1971

- Compagnie des Deux Chaises (†?) [direction: John C. Goodwin].
- Corporation de Théâtre-Soleil (*)(Boucherville, †1984) [Micheline Pomrenski, Patrick Mainville].
- L'Eskabel [Jacques Crête, n…].
- Théâtre du Trident [direction artistique: Paul Hébert].
- Théâtre Sans Fil (**) [Jean-Marc Rochon, n…].
- La Vraie Fanfare Fuckée (†1974) [André Labrosse, Gilles Labrosse, n…].

1972

- L'Organisation ô (†1980) [Germain Beauchamp, Guy Corneau, n…].
- Théâtre de Carton* [Marie-Johanne Adam, Robert Dorris, Jacinthe Potvin, Yves Séguin].
- Théâtre du 1er Mai (†1984) [Gilles Labrosse, n…].

1973

- La Cannerie (*) (Drummondville, †Montréal 1985) [Denis Lagueux, Chantale Cusson].
- Compagnie Jean Duceppe.
- Les Gens d'en Bas (Rimouski) [Eudore Belzile, n…].

- Groupe de la Veillée [Gabriel Arcand, n...].
- Les Pichous (†1983) [Gilbert Lepage, n...].
- La Rallonge [Lorraine Pintal, Louise Saint-Pierre, Daniel Simard].
- Théâtre de la Marmaille (*) [Jeanne LeRoux, Daniel Meilleur, France Mercille, Monique Rioux].
- Théâtre de l'Œil (**) [André Laliberté, n...].
- Théâtre des Cuisines (†1981) [Solange Collin, Carole Fréchette, Véronique O'Leary].
- Théâtre du [Cent] Sang Neuf* (Sherbrooke) [Marc Thibault, n...].
- Théâtre Parminou (Québec) [Hélène Desperrier, Jean-Léon Rondeau, n...].

1974

- Atelier-Studio Kaléidoscope [Marthe Mercure].
- La Bébitte à Roches (†1976?) [Gilles Labrosse, n...].
- L'Aubergine de la Macédoine (*) (Québec) [Paul Vachon].
- Les Productions Bebelle* (Sherbrooke) (†1982)].
- Les Marionnettes du Grand Théâtre de Québec (**) [Josée Campanale, n...].
- Théâtre de l'Atrium* [Yvon Lelièvre, Jeanne Ostiguy].
- Théâtre d'la Shop (†?).

1975

- Carbone 14 [Les Enfants du Paradis] [Gilles Maheu].
- Le Carrousel (*) (Longueuil) [Gervais Gaudreault, Suzanne Lebeau].
- La Grosse Valise*, compagnie de mimes [Robert Dion, n...].
- Théâtre de Bon'Humeur (Québec, †?) [Alain Filion, n...].
- Théâtre de la Dame de Cœur (**) [Richard Blackburn].
- Théâtre de la Manufacture [Jean-Denis Leduc, Christiane Raymond].
- Théâtre de Quartier* [Théâtre en l'Air] [Michel Breton, Gilbert Dupuis, n...].
- Théâtre Expérimental de Montréal (†1979) [Robert Gravel, Pol Pelletier, Jean-Pierre Ronfard].

- Les Voyagements [Michel Côté, Marcel Gauthier, Véronique Le Flaguais, Marc Messier].

1976

- Le Sakatou (*)(Québec, †1981) [Jean-Pierre Roy, n...].
- [Terre-Québec] Théâtre de la Grande Réplique [Madeleine Greffard, Michel Laporte, Claude Sabourin, Jean-Guy Sabourin].
- Théâtre de Face (Trois-Rivières) [Gilles Devault].
- Théâtre de la Bordée (Québec) [Jacques Girard, n...].
- Théâtre de l'Avant-Pays (**) [Michel Fréchette, n...].
- Théâtre de l'Île (Hull) [Gilles Provost, n...].
- Théâtre des Filles du Roy (Hull) [Marie-Paule Vachon, n...].
- Théâtre du Gros Mécano (Productions pour enfants de Québec) (*) [André Lachance, n...].
- Théâtre l'Arrière-Scène (*) [Stéphane Leclerc, Serge Marois].

1977

- Le Gyroscope (*) (†1982) [Louise La Haye].
- Théâtre de Coppe (Rouyn, †1987) [Jeanne-Mance Delisle, Bertrand Gagnon].
- Théâtre des Confettis (*) (Québec) [Hélène Blanchard, Judith Savard].
- Théâtre du Bois de Coulonge (Québec) [Jean-Marie Lemieux, Rachel Lortie].
- Théâtre Sans Détour (Québec) [Gilles-Philippe Pelletier, n...].
- Trois et sept la numéro magica 8 (†?) [Catherine Brunelle, Marie Ouellet].

1978

- Café de la Place [direction artistique: Henri Barras].
- Théâtre à l'Ouvrage (†1983) [Clément Cazelais, Marie-Renée Charest, Alain Lussier].
- Théâtre de la Commune [à Marie] (Québec) [Janine Angers, Denise Dubois, Denise Gagnon].
- Théâtre de la Nouvelle Lune [Odette Guimond, Pierre Filion].

- Théâtre de Pince-Farine (Sainte-Anne-des-Monts) [David Lonergan].
- Théâtre du Rideau de Tweed (†1981) [Louis Saia, n…].
- Théâtre entre Chien et Loup (Sherbrooke) [André Poulain, n…].
- Théâtre Petit à Petit* [Joanne Delcours, Manon Desmarais, Annie Gascon, Danielle Hotte, Serge Lessard, Claude Poissant].

1979

- Opéra-Fête [Marie-Louise Bussière, Pierre-A. Larocque, Michèle Leduc, Ariane Lee].
- Productions Germaine Larose [Michelle Allen, Rose-Marie Bélisle, Jean-Luc Denis, Esther Lewis, Suzy Marinier].
- Les Souffleurs d'Images (Baie-Saint-Paul, †?) [Claire Grégheur, Francis Monmart].
- Théâtre de la Poursuite [Denis Gagné, Patrick Quintal].
- Nouveau Théâtre Expérimental [Robert Claing, Robert Gravel, Anne-Marie Provencher, Jean-Pierre Ronfard].
- Théâtre Expérimental des Femmes [Louise Laprade, Nicole Lecavalier, Pol Pelletier].

1980

- La Famille Malenfant [Louise Bourque, Michel Dubuc, Robert Marien].
- La Gougoune de Fantex [Larry-Michel Demers, René-Daniel Dubois, Serge Dupire, Martin Kevin, Diane Ricard] (†?).
- La Troupe théâtrale La Vitrine [Josette Couillard, Marie-Denise Daudelin].
- Théâtre de la Terre Promise (Rouyn) [Yvan Simard, n…].
- Théâtre des Échassiers (1984) [Gilles Sainte-Croix, n…].
- Théâtre Repère (Québec) [Robert Lepage, Jacques Lessard, n…].
- Les Folles Alliées (Québec).
- Théâtre de la Ligue Nationale d'Improvisation [Robert Gravel, n…].

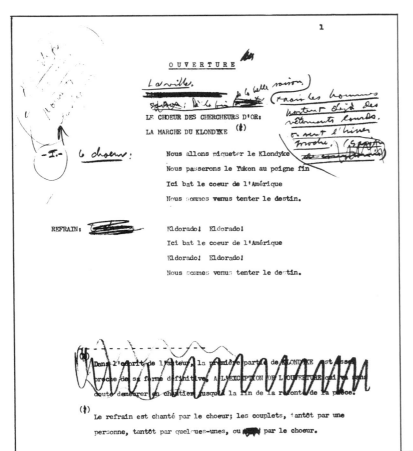

Dactylogramme avec annotations manuscrites de la première version de *Klondyke* de Jacques Languirand (s.d.). Création du Théâtre du Nouveau Monde, 1965.

Conférence de presse au moment du départ du Théâtre du Nouveau Monde pour Londres où devait être jouée *Klondyke* à l'Old Vic. Jean Gascon, Jacques Languirand, Gabriel Gascon et, assis, Yvon Dufour. (Photo: Claude David.)

Après cinq mois d'essai, le mouvement contemporain entreprend sa première saison complète au théâtre Le Patriote.

Les auteurs déjà joués donnent une juste idée de ce que le Mouvement Contemporain entend produire à l'avenir: Arrabal, Genêt, ne sont plus des auteurs d'avant-garde, ils appartiennent à un répertoire contemporain, presque classique.

Il est important de présicer que nous ne sommes pas une compagnie consacrée à l'avant-garde ou à la recherche pure. Nous sommes jeunes, nous voulons faire ce que nous aimons, nous aimons beaucoup de choses. Notre seul propos est de présenter des spectacles intéressants, quels qu'en soient le genre ou le style. Ainsi d'ici l'été 67, il est question non seulement de Beckett, de Genêt ou de Ghelderode, mais aussi de Garcia Lorca et de Tennesses Williams, ainsi que d'auteurs canadiens; aussi des spectacles de poésie et de contes fantastiques; en tout: quinze spectacles différents en dix mois. Et nous n'entendons pas préférer la quantité à la qualité.

Maintenant que notre équipe est formée (de flottante qu'elle était au début, notre équipe de comédiens s'est beaucoup précisée et constituera officiellement d'ici peu) maintenant que nos moyens nous sont mieux connus, il nous reste à gagner l'estime du public d'aujourd'hui et d'ici que nous espérons émouvoir et détendre.

Et si vous nous aimez, dites-le nous: ça fait toujours plaisir.

André Brassard.

4

les 22, 23 septembre
1, 2, 4, 5, 13, 14, 22, 23, 25, 26 octobre
3, 4, 12, 13 novembre

Fin de partie

Isolés dans un abri, perdus dans un désert, au lendemain de quelque chose, quatre êtres ont entrepris de terminer consciencieusement leur vie, les rivalités qui les opposèrent, la partie ou ils se dévorèrent avec acharnement.

Puis, peu à peu, l'habitude, la routine se sont installées. On a pris sont parti. On a admis sa défaite. Mais on continue avec comme préoccupation principale de meubler la journée.

Ils ont vécu longtemps, qui dans sa cuisine, qui dans sa pièce, qui dans sa poubelle, luttant contre la solitude, mais ne voulant pas céder; jusqu'à ce qu'enfin Clov s'incline, passe chez Hamm et que la conversation reprenne.

Hamm, aveugle, paralysé, en est réduit, pour toute grandeur, à celle de la voix et du geste.

Clov, le chien de Hamm, voudrait ne jamais japper, obtenir le "salut" par sa soumission.

Nagg, le vieux, le cul-de-jatte, le grinceux, doit aussi passer sa journer, parler, dire des mots.

Nell est la seule à croire encore à ses rêves, à ses souvenirs, à ses illusions. Elle mourra la première.

Demain, ils ne seront que trois, puis deux, puis seul.

Fin de partie est un "fade out" d'humanité.

André Brassard

HAMM .... JACQUES DESNOYERS
CLOV .... JEAN ARCHAMBAULT
NAGG .... JOSEPH SAINT-GELAIS
NELL .... RITA LAFONTAINE

MISE EN SCENE .... ANDRE BRASSARD
DECOR .... BERNARD SCHIELE
COSTUMES .... LOUISE JOBIN
MAQUILLAGES .... CLAUDE DOUCET

il n'y a pas d'entr'acte, mais des pauses dans le cours de la pièce.

5

Intérieur du programme pour le «Festival Beckett», présenté au Patriote par Le Mouvement Contemporain, à Montréal, du 20 septembre au 13 novembre 1966.

172

Mère Courage et ses enfants de Bertolt Brecht, production du Théâtre du Nouveau Monde, 1966.
Denise Pelletier (Anna Fierling) et Jean Gascon (Le Cuisinier). (Photo: Henri Paul.)

Page de couverture du premier numéro de la revue *les Cahiers de la N.C.T.* [Nouvelle Compagnie Théâtrale], octobre 1966. L'équipe de rédaction comprenait alors André Bédard, Guy Boulizon, Gilles Marsolais, Joseph Melançon et Georges Plamondon.

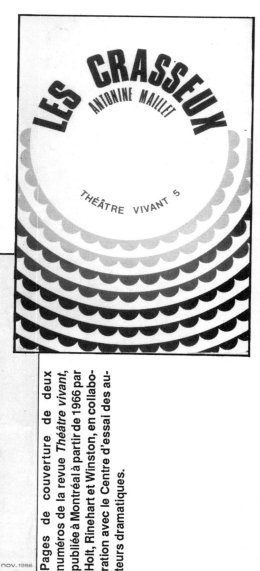

Pages de couverture de deux numéros de la revue *Théâtre vivant*, publiée à Montréal à partir de 1966 par Holt, Rinehart et Winston, en collaboration avec le Centre d'essai des auteurs dramatiques.

Création d'*Encore cinq minutes* de Françoise Loranger le 15 janvier 1967 à Montréal; production du Théâtre du Rideau Vert. Benoît Girard (Renaud), Marielle Deslauriers (Geneviève), Jean Duceppe (Henri) et Marjolaine Hébert (Gertrude). (Photo: Guy Dubois).

Intérieur du programme pour la création des *Grands Soleils* (1958) de Jacques Ferron; production du Théâtre du Nouveau Monde, du 25 avril au 26 mai 1968. Sur la photo: Albert Millaire (Sauvageau) et Guy L'Écuyer (Mithridate). (Photo: André Le Coz).

LES GRANDS SOLEILS
de Jacques Ferron

cérémonial en quatre actes

mise en scène:	Albert Millaire
dispositif scénique:	Mark Negin
éclairages:	Mark Negin et Pierre Goupil
costumes:	Gilles-André Vaillancourt
musique:	Gabriel Charpentier

distribution par ordre d'entrée en scène

Mithridate	Guy L'Ecuyer
Elizabeth Smith	Marthe Mercure
François Poutré	Jean Perraud
Félix Poutré	Jean Lajeunesse
le curé	Bernard Lapierre
Jean-Olivier Chénier	Jean-Marie Lemieux
Sauvageau	Albert Millaire

Entracte de vingt minutes après le deuxième acte.

Les spectateurs qui le désirent
ont accès aux coulisses après le spectacle
Prière de s'adresser aux ouvreuses et aux placeurs
qui se feront un plaisir d'indiquer
comment s'y rendre.

Reprise de la création (28 août 1968) des *Belles-Sœurs* de Michel Tremblay en août 1969; production du Théâtre du Rideau Vert. La scène du Bingo: Lucille Bélair (Gabrielle Jodoin), Germaine Giroux (Thérèse Dubuc), Marthe Choquette (Marie-Ange Brouillette), Carmen Tremblay (Olivine Dubuc), Germaine Lemyre (Rhéauna Bibeau), Josée Beauregard (Ginette Ménard), Jeannine Sutto (Lisette de Courval), Denise Proulx (Germaine Lauzon), Denise de Jaguère (Des-Neiges Verrette), Denise Filiatrault (Rose Ouimet) et Sylvie Heppel (Yvette Lompré). (Photo: Guy Dubois).

T'es pas tannée, Jeanne d'Arc? (1969), création collective du Grand Cirque Ordinaire; production du Théâtre Populaire du Québec. Jocelyn Bérubé, Claude Laroche, Raymond Cloutier, Suzanne Garceau, Paule Baillargeon et Guy Thauvette. (Photo: André Le Coz.)

Montréal, le 23 mai, 1969 Et mon dactylog[...]

Monsieur,

Demain, j'écrirai enfin. Enfin, peut-être. Demain, je [...]
flécher la lumière qui flotte sur les os. Pit, pit, pit. Bon, all[...]
Qu'écrirai-je?
Théâtre politique? Théâtre élé, etictic? Théâtre bou[...]
pour la rue? Théâtre structure illusoire de mots en forme d'i[...]
terrogation orgasmiques? Théâtre etcetera d'avenir absurde qui [...]
dater? Oui, oui, peut-être que je ferai tout ça, si ça m'amuse. [...]

Sérieusement un peu?
Un théâtre Poésie. Avec un très beau grand ? nomm[...]
et noirs clins d'œil gauche, que le théâtre est de l'immobilité dans [...]
l'art est un miroir qui se difforme pour le vrai selon les règles [...]
les artistes sont les prêtres de demain... S'ils vont entiers et a[...]
cœur du problème des hommes. Ceci dit, en écrivant le moins p[...]

Demain, si je n'écris pas c'est qu'il fera clair, p[...]
suffira que je danse librement, les yeux ouverts partout, pour q[...]
et à la flûte électronique.

D'ici à demain, je continuerai mes exercises de [...]
bois, je bâillerai, je trébucherai dans le ciel qui est aussi dan[...]
suivre d'un côté et de l'autre de 🔲 ma cage. Cett[...]

Mais maintenant, où en suis-je rendu? Cett[...]
découpures de journaux, un opéra bouffe pour un éléphant a[...]
et son frère jumeau (dans la même situation). De déchirant[...]
le toit de la maison où j'habite. Moi, je serais dans la rue, [...]
de premiers soins et lunettes de soleil) et j'aurais peur pour eu[...]
tion c'est d'être blessé; être blessé sur son propre champ[...]

Y.

r reparation merd

l'encre... pour

us dans la rue que
er ou de points d'in-
déjà de ne pas déjà
import où.

érité. Le cros, en blancs
Puis, pour moi grave :
s. Encore plus grave :
cœur, au simple cœur, au

et qu'il sera clair qu'il
accompagnent à la source

je chausserai ma plume de
Jusqu'à ce que oiseau s'en

irais volontiers, à partir de
me-blanche et verres fumés)
l'amour. Ca se passerait sur
ulancier Saint-Jean (trousse
s moi, répétant : Le préten-
aille.

auvageau.

Affiche de G. Bernard pour la création, en octobre 1974, d'une version abrégée de *Wouf Wouf* de Yves Sauvageau; production de l'Atelier de la Nouvelle Compagnie Théâtrale.

c'est pas mozart, c'est le shakespeare québécois qu'on assassine

L'auteur dramatique québécois est-il un spécimen humain en voie d'extinction? Plus les réalisations d'une forme d'art sont anémiques, plus les questions qu'on se pose à son sujet sont profondes,abstraites ou universelles. La tristement célèbre question, "La littérature québécoise existe-t-elle?",que le supplément littéraire du Devoir a posé annuellement pendant dix ans ou plus, est là pour en témoigner. Tout aussi symptomatique le fait qu' elle a quitté l'affiche le jour où les romanciers ont accepté de n'être rien de plus et rien de moins que des romanciers québécois.

On me demande de m'interroger sur l'avenir des mots et leurs auteurs au théâtre (1). D'apparence anodine et maclounesque, c'est une question qui en fait, pose le problème du théâtre par rapport au mon-de de l'image qui est celui des mass-médias.

Nourri par Grotovski, Brecht, le Living Theater, le Bread and Puppet, le Nouvel Observateur, les Cahiers de théâtre d'Arrabal,le Tulane Drama Review, l'Evergreen Review, Maurice Béjart, l'Underground theater, Jean Vilar, Strasberg, Stanislavski, Gordon Craig, Antonin Artaud, Piscator, la Lanterna Magika, Jan Kott, Alexandre Arnoux, Michael Kirby et j'en oublie, il serait sans doute intellectuellement de bon ton d'élever le débat au niveau des principes, de planer dans l'universel et de répondre à cette question à partir de l'expérience théâtrale des autres, de répondre théoriquement pour les autres, en ne tenant pas trop compte de la réalité théâtrale d'ici. Mais trêve d'universel. Le Théâtre existe dans le relatif et les réponses qu'on peut apporter à ses problèmes ne peuvent être que relatives.

LE THEATRE QUEBECOIS EST UN MONDE CLOS ET MARGINAL

Le rôle que joue le théâtre dans la société québécoise est marginal et sans importance réelle et je ne pense pas que cela soit dû uniquement au nombre restreint de spectateurs qui fréquentent les salles de théâtre. Loin d'en être la cause,c' en est, à mon avis, le signe. Les troubles dont souffre actuellement le monde du théâtre québécois sont organiques et n'ont rien à voir a-vec les grands problèmes de l' heure. Ou enfin, si peu.

Monde clos et marginal, le théâtre québécois n'est encore à l'heure actuelle, représentatif que de lui-même, c'est-à-dire d'un monde clos et marginal. En d'autres mots, ce qu'on peut voir en général sur la scène est le reflet fidèle et conforme de ce qui se passe et se pense en coulisse et dans les salles de répétition, le reflet des conditions dans lesquelles le métier de théâtre est exercé. Les problèmes majeurs du théâtre sont d'ordre pratique et artisanal. On peut le déplorer mais le monde théâtral n' est bouleversé par rien de plus grave que des conflits de personnalité ou des crises de vedettes (2). Et somme toute, l'arrière scène des grandes maisons de théâtre a plus en commun avec l'arrière scène du Rodéo Café, du Béret Bleu ou du Casa Loma qu'on l'imagine.

DIRECTEUR ARTISTIQUE= GERANT DE CABARET = CURE DE PAROISSE

D'ailleurs, même au niveau de la pensée, la profession de directeur artistique a beaucoup de trait en commun avec celle de gérant de cabaret. Depuis quelques temps, directeur artistique et gérant de cabaret font face au même problème, la désaffection du public, et réagissent de la même façon.

Là où l'un essaie le "topless", puis le "bottomless", puis le quatuor de jazz, puis les grandes vedettes américaines, puis la discothèque, puis le "bar du bon vieux temps"; l'autre essaie la vedette de music hall, puis le metteur en scène dans le vent, puis le "show" musical, puis le romancier populaire, puis la vedette de cinéma et en désespoir de cause, la création collective. La seule chose qui différencie le gérant de cabaret du directeur de théâtre, c'est que le premier finit par faire faillite et que le second continue d'être subventionné. L'un finira dans une ruelle avec deux balles dans la tête et l'autre dans un haut poste administratif et culturel. Deux façons de consacrer l'échec. L'envers d'une même médaille dont la troisième face est l'église paroissiale dont le curé, à l'instar du gérant de cabaret et du directeur de théâtre, fait face à un problème identique - la désaffection du public- et réagit de la même manière: liturgie en français, messe rock,confession publique etc... Situé à mi chemin entre l'église et le cabaret le théâtre québécois oscille depuis toujours entre les deux, tantôt polarisé par l'un, tantôt polarisé par l'autre.

LE THEATRE DES " FILS DU PERE LEGAULT"

La génération des "fils du père Legault" (les ex-compagnons de Saint Laurent et leurs disciples) est entrée en théâtre comme on entre en religion. Elle a d'abord eu la VOCATION théâtrale, puis la REVELATION de la culture universelle et des grands textes. Forte de cette VOCATION et de cette REVELATION, elle a ensuite reçu la MISSION d'aller enseigner les grands textes au peuple québécois.

Fidèle en cela à toute la tradition missionnaire catholique romaine, l'action théâtrale des "fils du père Legault" a débuté par un refus et une condamnation en bloc de toutes les traditions et formes d'expression populaires, paiennes si l' on veut, dont le théâtre Arcade était le haut lieu. Similaire à l'action des Jésuites en Nouvelle France, l'action théâtrale des "fils du père Legault" fut donc EDUCATRICE et MORALISATRICE. A l(instar des missionnaires qui cherchaient à convertir les améridiens superstitieux à une religion de classe universelle, les "fils du père Legault" cherchèrent à faire prendre conscience au public québécois de son ignorance et de son manque de culture, en lui faisant miroiter les joyaux d'une culture universelle infiniment supérieure aux velléités culturelles locales. Conformes à leurs modèles religieux, les "fils du père Legault" se sont voulus HOMMES DE THEATRE comme les Jésuites se voulaient SOLDATS DU CHRIST.

Reprographie de la page de titre du texte «C'est pas Mozart, c'est le Shakespeare québécois qu'on assassine» de Jean-Claude Germain, dans *l'Illettré*, vol. 1, n° 1, Montréal, janvier 1970, p. 2.

182

Ben-Ur de Jean Barbeau. Micheline Gérin (La Mère) et Claude Maher (Benoît-Urbain Théberge); production du Théâtre Populaire du Québec, 1970. (Photo: André Le Coz.)

Pages de couverture du premier numéro (avril 1971) et du vol. 3, nº 1 (décembre 1972) de la revue *Jeune Théâtre*, publiée par l'Association québécoise du jeune théâtre.

manifeste du théâtre euh!

Reprographie de la page 4 de la revue *Presqu'Amérique*, vol. 1, nº 1, Québec, octobre 1971.

UNE FOI EN L'HOMME CRÉATEUR

N.D.L.R.— Le groupe du Théâtre Euh...! entend créer un théâtre qui soit radicalement différent de celui auquel nous sommes habitué, avec «pas de techniques son-lumières-effets psychédéliques - pognants - tripants...». Dans un Manifeste qu'ils nous ont remis, ils expliquent leurs choix, leurs attitudes et... leurs refus.

LE THÉÂTRE EUH...! c'est

ce que nous étions, ce que nous sommes,
ce que nous serons
ce que vous avez vu, ce que vous voyez,
ce que vous verrez.

Nous n'avons pas d'anecdotes à vous raconter!

Souvent nous nous disons en trois minutes,
Ce qu'un auteur se raconte en trois actes!

Aussi, vous demandant de juger des situations, nous espérons nous tromper de siècle!

Une dernière histoire à raconter à vos enfants les soirs d'hiver au coin du feu:

En février 1970, le poète nous dit:
«Je n'ai pas besoin de vous, moi!
En mars nous nous vîmes inutiles!
En avril, nous entrevîmes son inutilité au théâtre.
Et, mai nous en convainquit!

Juin nous donna l'absolution de nos erreurs passées et nous consacra: Comédiens — Auteurs — Metteurs en scène — Décorateurs — Accessoiristes et autres surnoms, tous aussi nobles...!

THÉÂTRE DÉCOLONISÉ

Plutôt que de castrer le Québécois en lui interdisant sa propre langue, nous lui permettons de parler, et nous lui parlons dans sa langue qui est aussi la nôtre.
(Cette langue qu'on dit bâtarde, nous la louons, nous là bénissons, car c'est avec elle que nous mangeons).
Nous faisons un théâtre qui ne correspond plus aux vieux critères.
Des traditions, nous retenons celle-ci: l'homme est créateur. Nous faisons un théâtre à la convenance des Québécois, nous refusons les cadres théâtraux traditionnels qui privilégient une classe de la société.
Nous créons un autre théâtre.
Notre théâtre se réclame de la culture québécoise. Notre théâtre n'est sûrement pas toute la culture québécoise. Il véhicule notre culture, il agit sur notre culture, il fait vivre notre culture... etc. Mais la culture existe, il s'agit de l'exprimer. Et cette culture est rare quand les gens ne se reconnaissent plus dans les oeuvres d'art. Au lieu de pousser les Hommes à se cultiver dans des ghettos intellectuels, nous les invitons sur la place publique.
Nous montrons comment reconnaître les artistes de notre culture et aussi ceux d'une culture empruntée.

DE LA CRÉATION

L'homme est créateur. C'est la société qui ne l'est plus. On a érigé le travail des hommes en chef-d'oeuvre de rentabilité, d'efficacité, de technicité, d'estimation financière...etc. On a enlevé à l'individu son pouvoir collectif de création, parce qu'on le pousse à détruire et à entrer en compétition avec son voisin.
Au lieu de bâtir un avenir collectif meilleur, on canonise des désirs particuliers compétitifs. Au lieu de permettre l'épanouissement de tous, on permet l'aisance de quelques privilégiés. Aujourd'hui, nous faisons face à une société de spécialistes:
—l'artiste québécois ne doit pas s'occuper de politique.
—le politicien doit obéir au financier.
—le plombier n'a pas à faire de la peinture.
—le curé ne doit pas sortir de son église.
—le camionneur parle mal parce qu'il conduit un camion, etc.

DE L'ART

L'ART ce n'est pas en haut, dans les nuages... dans les hautes sphères... etc. L'art c'est la manière des hommes.
Engagement
L'art est social. Le théâtre est au niveau de l'homme vivant, qui mange, qui sort, qui va au cinéma... L'artiste qui fait l'art, ne peut échapper à la société et à ses exigences. L'artiste ne peut échapper à son rôle social. C'est que si de se situer au-dessus des conflits sociaux, ne fait pas l'art, mais une quelconque babiole pour une classe de privilégiés. Il ne crée pas un art populaire. Nous, nous voulons parler aux gens.
L'artiste, selon nous, n'est pas un guignol. C'est un être conscient qui apporte aux gens le sens critique et réconfortant de son art. Dans les écoles d'art dramatique, on répète sans arrêt: «Ne pensez pas». «Si l'on pouvait les empêcher de penser!» Nous proclamons: «Réfléchissons!»
Parce que «Penser», c'est aussi vivre. C'est autant le propre de l'homme que le rire.
Penser, c'est prendre parti.
Penser, c'est ne pas être neutre.
Le théâtre que nous faisons ne s'écrit pas dans un gros livre qu'on range dans une bibliothèque. Il bouge, il évolue avec le public, parce que la société bouge, change, paraît-il!
Notre théâtre n'est pas immuable. Celui que nous faisons aujourd'hui n'est pas celui que nous ferons demain. Aucun spectacle n'est réglé dans les détails, car le côté fini d'un spectacle caractérise le théâtre bourgeois et nous le refusons. Chacun de nos spectacles est différent sans fondement par rapport à un autre, parce que chacun est le résultat d'un travail d'atelier et de contacts avec les gens.

UN AUTRE THÉÂTRE

C'est dur de faire un autre théâtre. Mais c'est encore plus dur de susciter une nouvelle façon de foir. On demandait, jadis, aux spectateurs: «Asseyez-vous, écoutez, suivez-nous et riez.» Nous demandons aux spectateurs: «Asseyez-vous si vous voulez, regardez non seulement les acteurs, mais aussi les autres spectateurs, remarquez le jeu drôle, mais surtout jugez, car ce théâtre doit vous servir dans la vie quotidienne. L'importance du théâtre est dans le fait de l'entendre et de voir ensemble ce qui se passe sur la scène, et de le savoir collectivement. A partir de ce moment, l'événement théâtral est avoué et il opère un décloisonnement des consciences.

CONSTATER PUIS CHANGER

Montrer les différentes structures et démontrer les différents mécanismes qui sont les bases de la société dans laquelle nous vivons, ce n'est pas suffisant. Il faut avant tout prendre parti et se situer personnellement. A partir de ce point, on peut s'entendre sur la collectivité que nous formons, inventer d'autres modèles, d'autres structures, d'autres libertés.
Nous ne sommes pas les colonisateurs, les missionnaires,
les prophètes,
les Jésus-Christ de la nouvelle religion:
«Le culturalisme» (tout dans la tête, rien dans les bobettes).
Nous n'apportons pas la culture,
Nous n'avons pas le monopole de la vérité,
Nous ne sommes pas les Messies du «Trip-Too-Much».
Est-ce que le théâtre n'a que le rêve comme atout pour démontrer sa valeur d'existence? Nous refusons que notre théâtre soit un moyen pour les spectateurs de s'évader, de rêver, de partir, de triper.
(D'autres moyens le font mieux que nous: pot, haschisch... etc.)
Nous essayons de laisser au spectateur toutes ses facultés afin qu'il soit maître de ses plaisirs, où que ceux-ci le conduisent, et qu'il puisse juger sa condition d'existence, ses relations avec la société qui l'entoure, etc. Nous demandons à l'imaginaire qu'il refaçonne le réel.
Le théâtre est essentiellement un divertissement. C'est sa fonction la plus utile, la plus noble, la plus humanitaire. Est-ce que «se divertir» signifie «dormir»? Nous voulons que notre théâtre fasse rire les spectateurs tout en ne leur enlevant pas leur droit fondamental: celui de juger. Le théâtre Euh...! dit: Jugez, vous ne serez pas jugés.

LE MESSAGE

Cette société n'est pas un élément naturel. On ne peut pas la refuser, car on en fait partie. On peut ne pas l'accepter telle quelle. On peut surtout la transformer. C'est cette transformation qu'il faut opérer. Et le théâtre doit servir à cette transformation, sinon c'est un théâtre mort. Et un théâtre mort est un théâtre tuant parce qu'il couche les spectateurs. Il arrête le temps. Parle du destin sans le nommer et attend que le monde s'arrange, que la tempête se calme, que les gens s'instruisent parce que son message caché et camouflé, bredouillé à la perroquet ne «passe» pas.
Le théâtre euh...! dit que le destin de l'homme c'est l'homme.

NOS CLOWNS

Le théâtre euh...! c'est aussi les clowns «Sam Pic Poc Ket». Nos clowns ne sont pas des jouets pour enfants, ne sont pas de beaux costumes, ne sont pas des robots à grimaces comiques, ne sont pas des personnages qui font n'importe quoi. Nos clowns n'appartiennent pas seulement au cirque, ne fonctionnent pas à 15¢ comme une machine à Pepsi. Nos clowns, ce sont des hommes qui parlent aux hommes dans un monde où tout se mêle sans que les hommes en soient avertis. Les clowns essaient de réapprendre les gestes de la vie, redéfinissent, inventent des «tours de jours». Ce sont ceux qui se cognent à tous les murs d'un monde impossible. Ils dénoncent la niaiserie de tout système qui n'est pas à la mesure des hommes, des femmes. La société dans laquelle nous vivons nous contraint, pour faire partager la liberté, à la vérité du clown.

LES ENFANTS ET LE THÉÂTRE

Le théâtre euh...! fait aussi le théâtre des enfants. «Les enfants sont un public extraordinaire...», disent souvent les comédiens spécialistes de «théâtre pour enfants». Les enfants sont extraordinaires, pour eux, dans la mesure où ils «marchent», fascinés qu'ils sont par le spectacularisation des enfantillages des comédiens. Mais l'enfant est brimé dans ses pouvoirs créateurs. On aime bien voir les enfants dans des cadres. Bientôt, on verra des pseudo-adultes qui voudront mettre en plus un cadenas au cadre — Beaucoup de discipline, peu d'imagination, beaucoup de frustrations — Beaucoup d'ordre, peu de liberté, beaucoup de privation — Beaucoup de cadres, peu d'initiatives, beaucoup de castration. Devant un enfant encadré, on peut bien s'exclamer comme des carpes: «C'est donc fin, un enfant tranquille.»
Le théâtre euh...! laisse aux enfants le pouvoir de faire leur théâtre, de dire ce qu'ils ont envie de dire, de faire ce qu'ils ont imaginé et de se faire écouter. Le théâtre euh...! ne fait pas le théâtre à la place des enfants.

DU LIEU THÉÂTRAL

Le théâtre euh...! on le trouve partout: dans la rue,
à l'université,
dans les CEGEP,
dans les sous-sols d'église,
dans les salles paroissiales,
dans les gymnases,
dans les cafeterias,
et aussi dans les salles de spectacles et partout où vous nous demanderez.

Marie-France Desrochers
Marie-Renée Charest
Clément Cazelais
Marc Doré

Les oranges sont vertes de Claude Gauvreau; production du Théâtre du Nouveau Monde, 1972. Michelle Rossignol (Cégestelle) et Robert Gravel (Mougnan). (Photos: André Le Coz).

L'Otage de Paul Claudel; production du Théâtre du Nouveau Monde, 1972.   Guy Hoffman   et   Monique Miller. (Photo: André Le Coz).

Page de couverture du programme pour *la Vie exemplaire d'Alcide 1er, le pharamineux, et de sa proche descendance* **d'André Ricard; production du Théâtre du Trident, 1972. De haut en bas, Michel Daigle (Geoffroy) , Denise Verville (Gina), Jacques Lessard (Pistache), Marie Tifo (Laurence), Pierre Fortin (Faustin), Marie-Hélène Gagnon (Marveille), Raymond Bouchard (Le Père), Annette Leclerc (La Mère), Francine Ruel (Mary) et Maryse Pelletier (Nitouche).**

Programme pour *Quatre à quatre* de Michel Garneau; production du Théâtre de Quat'Sous, 1973.

Page de couverture du programme pour *les Hauts et les bas d'la vie d'une diva* de Jean-Claude Germain; production du Théâtre d'Aujourd'hui, 1974.

Page intérieure du programme-affiche pour *les Nuits de l'Indiva* de Jean-Claude Germain; production du Théâtre d'Aujourd'hui, 1980. (Photos: Daniel Kieffer.)

Création collective de 1975, publiée en 1976.

le théâtre des cuisines présente

môman travaille pas,
a trop d'ouvrage!

les éditions du remue-ménage

Dans
des patins trop
grands
(MONOLOGUE)

SOLIDARITÉ
OUVRIERS OUVRIÈRES

Publié par EN LUTᴛ

Page de couverture du programme pour *la Mort d'un commis-voyageur* d'Arthur Miller; production de la Compagnie Jean Duceppe, 1975. Jean Duceppe (photo de Willy Loman).

Page de couverture d'un sketch d'agitation-propagande du Théâtre à l'Ouvrage, publié par *En lutte!*, Montréal, 1978.

**Le cinéma Granada dans l'est de Montréal où se logera la Nouvelle Compagnie Théâtrale à partir de 1977:
aujourd'hui le Théâtre Denise-Pelletier et la Salle Fred-Barry.**

1976.

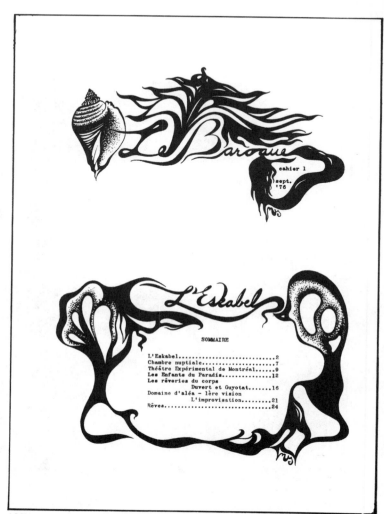

1976.

cahier de théâtre expérimental

1976.

LE PAYS THÉÂTRAL

vol. 1/numéro 3

théâtre d'aujourd'hui   revue de théâtre — saison 77-78

LE monde que nous habitons est le royaume des automatismes — tant d'idées reçues qui se perpétuent au nom du bon sens, celui-là même qui a partagé le monde en deux, dans une vision manichéenne dont il ne semble pas que nous soyons près de sortir: les grands épouvantails du Bien et du Mal continuent, chacun de son côté, de s'agiter, pour que le monde reste comme il est, c'est-à-dire automatique et schizophrène. Et le bon sens, toujours, est là, pour qu'il n'y ait pas de départage, pour que le faux-semblant du vivre continue dans ce grand cirque extériorisé qu'est l'univers. Même la folie a été policée, est tenue en laisse par les suppôts du Bien, dans de grandes maisons de verre qu'on a débaptisées dans l'intention évidente de brouiller les signes, de les édulcorer et de les châtrer.

Ainsi, il y a quelque temps, l'asile Saint-Jean-de-Dieu est devenu l'hôpital Louis-Hypolite-Lafontaine, ce qui est à désespérer d'une société qui nomme pareillement ses ponts-tunnels et ses lieux d'enfermement, faisant illusoirement triompher le bon sens, aussi bien dire la schizophrénie automatique d'une collectivité tendant au nivellement, celui qui ferait paraître normal et intègre ce qui n'appartient qu'au domaine du Mystère et de l'Irrationnel, donc de ce qui est important de ne plus entendre — ce refus de l'Autre, ce refus de la Parole qui ne fonctionne pas au rythme de ces ordinateurs que nous sommes nous-mêmes devenus, programmes des notre naissance à n'être que répétitions, c'est-à-dire choses déjà sues et choses déjà dites, dans le grand cirque du langage in-signifié parce que toujours pareil.

Le théâtre, pas plus que le reste, n'échappe à cet enrôlement forcé de l'homme dans le monde binaire, effrayamment désuet dès que sous l'appa-

LE THÉÂTRE DE LA FOLIE
PAR VICTOR-LÉVY BEAULIEU

1977.

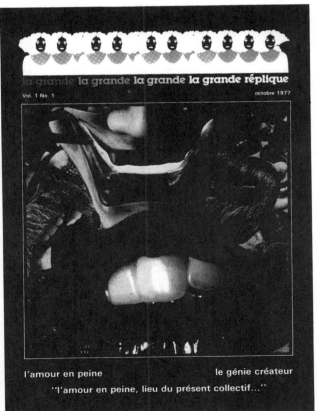

la grande la grande la grande la grande réplique

Vol. 1 No. 1   octobre 1977

l'amour en peine   le génie créateur   **1977.**

"l'amour en peine, lieu du présent collectif..."

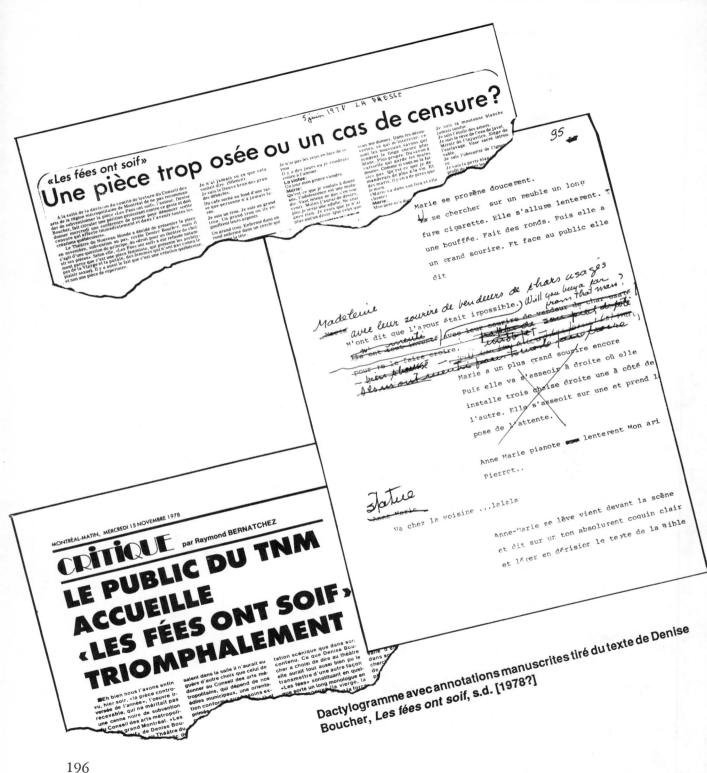

Dactylogramme avec annotations manuscrites tiré du texte de Denise Boucher, *Les fées ont soif*, s.d. [1978?]

196

Les trois interprètes de la tournée, en 1979, de la pièce *Les fées ont soif* de Denise Boucher; production du Théâtre du Nouveau Monde, 1978. Christiane Raymond (Madeleine), Michèle Magny (Marie), Louisette Dussault (La Statue). (Photos: ?)

Les Enfants du Paradis

Théâtre de création

Couverture de programme, 1978.

Couverture de programme, 1978.

le groupe de la veillée

atelier de recherches de l'acteur

itinéraire

c'est une reconnaissance qu'on offre et
qui oblige pour tout ce qui reste à découvrir

depuis sa création en novembre 1973,
le groupe de la veillée a produit quatre spectacles,
organisé trois séries de rencontres exploratoires
et animé plusieurs ateliers d'entraînement corporel,
tant au local du groupe que dans différentes maisons
d'enseignement.

à propos de la ''veillée'' (1974)

comme plusieurs mots de notre langage,
la ''veillée'' est parvenu avec le temps
à ne plus véhiculer qu'une image folklorique embrouillée.
le mot est resté d'usage
mais son sens premier s'est dissipé.
pourtant, la ''veillée'' définit une durée bien précise,
une sorte de temps qui se déroule en dehors du temps quotidien,
un temps réservé à une rencontre authentique.

dessin: france trudel

● **baptistes (1975)**

avec
alain lamontagne
julien poulin
laurent rivard
france trudel
stéphane bédard
marie eykel

photo: michel cloutier

après avoir présenté **baptistes** dans la région de Montréal durant l'hiver
1975, **le groupe de la veillée** sera invité à le représenter en Europe (entre
septembre et décembre 1975).

en Yougoslavie (Ljubljana, Zagreb et Belgrade), en Italie (Biennale de Veni
se) et en France (Grenoble et Paris).

● **pèlerinage (1974)**

avec
alain lamontagne
marie eykel
laurent rivard

refrain:
''elle a de douces, douces chevilles de bois,
elle a de douces, douces cuisses de bois,
une grosse béquille en acier de bois,
une grosse béquille pour la bloquer là.
mais a giguerait comme un vieux goéland
qui gigue dessus le dos du vent
qui gigue avec les moutons blancs.''

photo: jacques lemieux

''le comédien travaille en effet sur un matériau de base qui est lui-même.
(..........)
le spectacle qui nous était présenté ne se veut qu'une résultante provisoire et
l'on peut facilement imaginer qu'une réussite éclatante, non pas en terme de
public mais en terme de perfection, vienne nourrir leurs recherches.
(..........)
au plan strict du spectacle, **pèlerinage** constituait donc la première véritable
surprise du festival.''

dans le cadre du festival de l'association québécoise du jeune théâtre (1974)
journal Le Jour, juin 1974

● **une voie parallèle (1976)**

depuis deux ans, notre travail fut une quête des différents points
d'authenticité et de dévoilement chez l'acteur, à l'intérieur d'une
''partition'' théâtrale et à travers des improvisations et des études sur
différents thèmes. élimination et dépassement des blocages physiques et
psychiques de l'acteur vers l'action organique engageant tout son être.
cette voie devait nous mener vers des points de rencontre entre acteurs,
dont les spectateurs étaient invités à témoigner. nous avons cherché à
éliminer le plus possible chez l'acteur cette distance entre son ''rôle'' et
son être, transformant ainsi l'interprétation en témoignage, mais toujours
à l'intérieur du cadre de la représentation (acteurs/spectateurs):
transformer le geste en acte et l'expressivité (le rôle) par le témoignage
vivant.

si nous poursuivons notre recherche dans le sentier entrepris, il devient
essentiel de tenter différentes expériences parallèles qui touchent la
représentation elle-même. d'où le besoin de créer des ateliers
expérimentaux. si un groupe d'individus cherchent, dans un travail
commun, différents points de dépassement et de rencontre, la forme de
transmission utilisée (représentation, regardants/agissants) peut
développer une contradiction face aux intentions mêmes qui génèrent le
travail. ou bien nous évitons d'entamer une recherche sur la
représentation elle-même et nous limitons en conséquence nos intentions
au travail de l'acteur proprement dit, ou bien nous poursuivons notre
travail théâtral et, parallèlement, nous entamons un questionnement réel
et concret sur la représentation.

la deuxième solution s'impose. nous avons cherché en nous et entre nous
des instants de vie authentiques. mais les spectateurs font autant partie du
processus de recherche que les acteurs. si nous évitons de révaluer la place
qu'ils occupent, toutes nos bonnes intentions d'authenticité se retourneront
contre nous et le théâtre deviendra une sorte de préservatif contre la vie.
la recherche sur l'acteur a élargi le champ des questions sur le réel, le
concret et, de là, sur la représentation. il faut maintenant risquer différentes
formes de reconnaissance au-delà des seuls rapports entre acteurs.

Extrait d'une publication retraçant les productions du Groupe de la Veillée, 1978.

Dominique Gagnon, Louise Laprade, Nicole Lecavalier, Pol Pelletier

à ma mère,
à ma mère,
à ma mère,
à ma voisine

les éditions du remue-ménage

Création de 1978, publiée en 1979 aux Éditions du Remue-Ménage.

Page de couverture du programme pour la création en 1979.

Le Théâtre de Coppe
présente en création,
la pièce abitibienne
UN REEL BEN BEAU,
BEN TRISTE
de Jeanne Mance Delisle

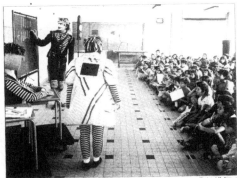

On n'est pas des enfants d'école

le théâtre de la marmaille

Page de couverture du programme pour la création d'une pièce pour enfants de Gilles Gauthier en 1979. (Photo: Paul-Émile Rioux.)

ô travail, création collective du Théâtre Parminou, 1979.
Hélène Desperrier, Yves Dagenais et Jean-Léon Rondeau. (Photo: Le théâtre Parminou).

Broue par un collectif d'auteurs; production des Voyagements, 1979. Michel Côté, Marcel Gauthier et Marc Messier. (Photo: Michel Tremblay).

Affiche pour *la Scouine*, adaptation pour la scène. Théâtre de la Rallonge. Conception graphique et illustration de Tibo.

PROSPECTUS DU THÉATRE FRANÇAIS
DE MONTRÉAL

AUX CITOYENS DE MONTREAL

Depuis longtemps les amis des arts regrettaient de voir une cité populeuse, intelligente et instruite comme celle de Montréal, privée d'un lieu convenable de réunion artistique où les classes éclairées et celles qui tendent à le devenir pussent se donner rendez-vous pour aller admirer les chefs-d'œuvre de la scène dramatique française, les œuvres des ces hommes de génie, la gloire de leur nation et de leur siècle, et qui ont tant fait pour relever et ennoblir l'humanité.

Cette lacune, nous nous proposons de la remplir, et nous vous demandons de nous y aider de vos encouragements.

La population parlant la langue française est assez nombreuse, en cette ville, assez riche, et assez intelligente et amie des arts libéraux pour pouvoir soutenir un théâtre français, destiné à son amusement et à son éducation.

On ne verra sur la scène du théâtre français de Montréal, que des pièces qui auront un cachet de moralité incontestable, nous nous sommes, pour cet objet, assuré les services d'un censeur qui, après avoir lu, relu et revisé les pièces au point de vue de la plus stricte exigence des bonnes mœurs et de l'honnêteté du langage, devra lui-même, ensuite, les soumettre à un comité de personnes respectables de cette ville dont l'approbation finale donnera seule à ces œuvres dramatiques le droit de citoyenneté sur la scène du théâtre français de Montréal.

C'est donc avec confiance que nous pouvons hardiment inviter les familles canadiennes à visiter notre théâtre : elles n'y verront rien qui puisse blesser les exigences ou les susceptibilités les plus respectables.

L'entreprise dont nous prenons la direction, est, du tout au tout, exclusivement *Montréalaise* : aurions-nous eu tort de compter sur le bienveillant appui des nombreux et intelligents habitants de Montréal ?

Le Théâtre-Français est situé sur la place Bonaventure, dans la vaste construction appartenant à Alfred Pinsonnault, écuier, de cette ville.

La salle de spectacle est garnie de banquettes élégamment rembourrées. L'entrée en est spacieuse, et il y a deux sorties pour les galeries.

Toutes les parties de la salle, les couloirs, les escaliers, les coulisses, etc., sont pourvus de nombreux tuyaux qui permettent d'inonder d'eau, en cinq minutes, l'endroit où un commencement d'incendie pourrait se déclarer.

La salle est brillamment éclairée, l'orchestre bien combiné, enfin, rien n'a été épargné pour faire du Théâtre-Français une vraie bonbonnière.

Il y a un salon pour les dames, où elles pourront se faire servir, dans les entr'actes, des crêmes à la glace, café à la russe et autres friandises fort appétissantes dans les chaudes soirées de l'été. Le salon est tellement vaste que les messieurs et dames pourront s'y promener à l'aise en attendant le lever du rideau.

Il y aura trois représentations chaque semaine, les lundi, jeudi et samedi, et pièce nouvelle chaque soir.

La salle sera ouverte à 7½ heures p. m. et le spectacle commencera invariablement à 8¼ heures précises.

PRIX

Premières	50c.	ou 2s. 6d
Galerie	37½c.	ou 1s. 10½d
Galeries latérales	25c.	ou 1s. 3d

On pourra retenir d'avance des sièges aux premières en s'adressant à M. H. Prince, marchand de musique, 145, rue Notre-Dame, qui est le seul autorisé à cet effet.

On trouvera aussi des cartes d'entrée chez le buraliste du théâtre — dans la Maison Bonaventure.

VILBON et TROTTIER,
Directeurs du Théâtre-Français de Montréal.

Montréal, 8 juin 1860.

CET OUVRAGE
COMPOSÉ EN GARAMOND CORPS 12 SUR 14
A ÉTÉ ACHEVÉ D'IMPRIMER
LE DIX-SEPT NOVEMBRE
MIL NEUF CENT QUATRE-VINGT-HUIT
PAR LES TRAVAILLEUSES ET TRAVAILLEURS DES PRESSES
DE L'IMPRIMERIE GAGNÉ LTÉE
À LOUISEVILLE
POUR LE COMPTE DE
VLB ÉDITEUR.

IMPRIMÉ AU QUÉBEC (CANADA)